Gebrauchsanweisung für die Toskana

Barbara Bronnen

Gebrauchsanweisung für die Toskana

Piper München Zürich

ISBN 3-492-27517-6

Gesamtherstellung: Clausen & Bosse, Leck
Printed in Germany

www.piper.de

Inhalt

Meine Toskana

Es genügt, im Garten zu sitzen und auf das einfache Steinhaus, die Maremma, das Meer zu blicken, ein Buch des Pisaners Antonio Tabucchi vor mir – schon fühle ich mich als Mensch, inmitten von Dingen, die mir Atem geben. Ich habe in der Toskana wieder neu lesen gelernt: aufmerksamer, genauer, ruhiger, mit Blick auf die kleinen Dinge.

Die Menschen in der Toskana haben Achtung vor Geschriebenem und Schreibenden. Das Verständnis der Leute auf dem Land für Literatur ist schlicht und doch offen, mit viel Sinn für Komik und Dramaturgie. Sie haben nicht viel gelesen, doch Dante und Boccaccio kennen sie alle – und haben Überraschendes dazu zu sagen. So habe ich zahlreiche Toskaner getroffen, die gern in Dantes Hölle wollten, so atemberaubend hat er sie gestaltet. Und das Paradies? »Zuviel Treppen«, sagt mein Nachbar Mario.

Wir schulden der toskanischen Literatur eine Verneigung. Schließlich und endlich sind es die Toskaner gewesen, die, Boccaccio sei Dank, mit der Novelle unsere Art des Erzählens erfanden. Und sie setzten einen Maßstab für eine scharfzüngige, sexuelle Freizügigkeit. Jedenfalls liebe ich die italienische Literatur, und gerade die toskanischen Autoren mit ihrem ausgeprägten Sinn für Maßhalten, mit ihren sparsamen, einfachen Sätzen, in denen das Überflüssige, jeder himmelwärts stürmende Satz, sorgfältig herausgeschnitten ist. Es ist eine Literatur ohne Mißachtung, voller Verständnis für die Menschen, präzise und von großer Bescheidenheit, doch davon später mehr.

Glauben Sie nur ja nicht, daß nun nichts anderes als ein leidenschaftlicher Lobgesang auf die Toskana erklingt. Wo Liebe ist, da gibt es auch Wut und Entrüstung. So vieles muß man erst freischlagen. Das Schöne unter dem Häßlichen, das Alte unter dem Neuen suchen.

Dem Bund der Toskanaverklärer trete ich nicht bei. Ich befürchte, daß in Zukunft noch viel mehr das Gefüge durcheinanderbringt und die melancholische Zartheit der Landschaft zerstört, als sich heute schon beobachten läßt. Ein paar Illusionen habe ich bei dieser Arbeit jedenfalls eingebüßt.

Wir alle tragen Bilder von der Toskana in uns. Wir möchten Sonne und Maremmenluft. Wollen auf dem Marktplatz flanieren, auf den Wiesen den süßen Geruch nach Schaf atmen. Wir suchen die Vertrautheit kleiner Gassen, die Umarmung alter Arenen, den Trost ehrwürdiger Kirchen, die vertrauten Umrisse kleiner Häuser aus Stein, beschützt von einer knorrigen Pergola – das Ganze überhaucht von warmem, goldenem Sonnenschein, blühendem Ginster, duftenden Mimosenalleen und Sonnenblumenfeldern.

Kurzum, wir wollen nichts wie hin.

Zu Hause hat uns ein träger Unmut erfaßt gegen alles: das harte Pflaster, die Muffigkeit der Menschen, ihre gleichgültigen Gesichter und ihre Betriebsamkeit. Und es reift in uns der Entschluß: Auf! Mach wahr, was du im Kopf trägst! Hol dir dein Bild!

Es ist an der Zeit, die Koffer zu packen und loszufahren.

Kleinigkeiten sind es, die mich heilen, und obwohl man meinen könnte, sie wären nichts Besonderes, bekomme ich sie nur in der Toskana. Zum Beispiel damals, als mein Sohn noch klein war, und ich durchs Dorf ging, den Säugling um den Bauch gebunden. Die Augen der Mama, sagte der Bäkker. Die Nase vom Papa, der Apotheker. Der Mund der Mamma, die Gemüsehändlerin. Die Ohren vom Papa, der Mann an der Bar. Und später, an Weihnachten, der Bäcker: Oh, da fehlt ja schon ein Zahn! Zu Ostern: Da ist ja bereits der neue!

Oder der alte Esimio, der, selbst eine verschrumpelte Olive, mir einen schönen Apfel, eine herrliche Traube oder einen riesigen Kürbis vorbeibringt. Massimo, der Arzt, der eine Woche lang täglich vorbeischaut, um mir eine Spritze gegen meine Rückenschmerzen zu verpassen, und empört abwinkt, wenn ich ihn bezahlen will: Kommt nicht in Frage! Hauptsache, du kannst wieder schreiben! Der schöne Sauro, der immer noch seine Stippvisiten macht, um mit mir über *amore* zu plaudern. Rudolfo, der Besitzer der kleinen Bar, der sofort, wenn mein Freund auftaucht, freudig ruft: *Mister cioccolata!* Weil er weiß, wie gern er sein Schokoladeneis ißt.

Auf diese kleinen Dinge, die in der Mentalität der Menschen liegen, will ich Ihr Augenmerk richten. Wenn Sie die geheimnisvolle Kraft dieser Aufmerksamkeiten spüren, sind Sie dabei, dieses liebenswürdige und eigenwillige Volk zu entdecken. Mit Suche nach Exotik und Karibikträumen hat das wenig zu tun. Die Toskana ist schön wegen ihrer Menschlichkeit. Die Toskana ist Erziehung zur Kultur. Dazu bedarf es eines wachen Blicks. Von beiden Seiten.

Es ist nicht ganz einfach, Gast oder Tourist in der Toskana zu sein. Die Toskaner können bei aller Intelligenz und Liebenswürdigkeit auch ekelhaft arrogant, spöttisch und unversöhnlich sein. Doch wenn sie es werden, ist es nicht immer ihre Schuld. Um sie uns zu Freunden zu machen, sollten wir ein paar Dinge beachten. Dann gewinnen wir die besten Freunde in einem der offensten Länder der Welt.

Die Toskana ist ein Mythos, das sollten Sie niemals aus den Augen verlieren. Und sich darauf einlassen. Wenn nicht, ist es dort nur ein bißchen schöner als anderswo. Wir sollten den Mythos nicht leugnen, sondern ihn von seinen Entstellungen unterscheiden.

Sempre avanti!

Alle wollen nach Italien: Das stellen Sie schon vor dem Brenner fest. Viele davon in die Toskana: Zwischen Verona und Bologna gibt es daran keinen Zweifel mehr.

Kaum liegt der Brenner hinter Ihnen, bewegen Sie kindliche Phantasien. Hier beginnt das Paradies.

Bei uns sah das jahrelang so aus: Mein Sohn Florian verlangte augenblicklich nach einem Eis, mein Mann nach einem Cappuccino, mich gelüstete es nach einem Campari Soda. Florians Gestik wurde ausladend und temperamentvoll, seine Stimme klang auf einmal kräftiger. Wir begannen, Pläne zu machen, die weit über unsere Möglichkeiten hinausreichten.

Es ist, als ob dieses Land, in dem die Realität gern ins Mythische überhöht wird, uns zeichnet, ehe wir es betreten haben. Dabei gibt es genug Hinweise, die uns auf das Fragwürdige unseres Empfindens aufmerksam machen. Es regnet vielleicht. Es ist kalt. Der Fahrstil der Italiener ist (selbst-)mörderisch. Kurven werden am liebsten im winzigen Cinquecento, der mit fünf nicht angeschnallten Personen beladen ist, bei Tempo 120 locker geschnitten, und womöglich hat der Fahrer noch das *telefonino* am Ohr.

Riskante Überholmanöver und Wettfahrten von Lastwagen sind an der Tagesordnung. Der Florentiner vor Ihnen biegt rechts ab, ohne zu blinken, oder hält unvermittelt am Seitenstreifen der Autobahn. Blick in den Rückspiegel? Offenbar eine deutsche Erfindung.

Wenn Sie nicht wissen, daß unter südlicher Sonne die Menschen dem Leben zu nahe stehen, um sich von jeder Einschränkung die Laune verderben zu lassen, und daß man schon in italienischen Fahrschulen lernt, immer nach vorn zu blicken, sind Sie verloren. *Sempre avanti!* Das Lebensmotto des Toskaners hat seinen Preis, gerade beim Autofahren. Am Straßenrand stehen zahlreiche kleine Kreuze hinter Kunstblumen.

Am besten nehmen Sie mittags zwischen zwölf und zwei den gefährlichen Apennin. Denn wie alle Völker Italiens bleiben auch die Toskaner ihrer Tradition treu und sind ein Muster an Pünktlichkeit in einer Welt, die Mahlzeiten durch Fast food verschleift: Schlag ein Uhr wird gegessen, begleitet von einem Glas Wein. Und das Stündchen danach ist unbedingt der hohen Kunst der Siesta geweiht. Wenn Sie sich die sorglos am Straßenrand geparkten Autos ansehen, die Kühlwagen auf den Parkflächen mit laufendem Motor und davor die Fahrer in einer kleinen, zwischen zwei Bäume gespannten Hängematte, dann wissen Sie, daß man einem alten, wohl von den Etruskern übernommenen Brauch huldigt.

Uns gefällt diese wunderbare Ruhe auf der Autobahn, und wir nutzen sie selbst im August, ehe sich die ersten Staus ankündigen, vor allem im Apennin oder vor Florenz. Barbarisch ist das bei *Solleone*, der Löwensonne.

Nicht einmal unser altes Spiel, zu erraten, woher einer kommt, ist möglich. Vor etlichen Jahren wurden neue

Autoschilder mit Buchstaben und Zahlen verordnet. Ein paar Eigensinnige jedoch wollen sich nicht von ihrem alten Schild trennen. Ich bin Florentiner! hat unser Nachbar Mario gesagt, das soll man sehen! Außerdem kann er jetzt nicht mehr brüllen: »Dieser Ignorant aus Catania!«

Sie harren schweigend aus, trommeln ungeduldig auf ihren feuchten Schenkel? Das Klima in Ihrem Auto ist gereizt? Sie seufzen? Wechseln aufgebrachte Blicke mit dem Augsburger hinter Ihnen, wie er verurteilt zu mürrischem, deutschem Warten?

Sempre avanti: Eine Wendung, die in der Toskana geprägt worden sein muß. Schauen Sie nach vorn! Der Sienese – er hat noch ein altes Autoschild – im schnittigen Sportwagen steigt aus und schneidet meinem gelangweilten Sohn ein Gesicht. Florian zieht sich sein Strohhütchen über die Augen, um die Verhüllung dann kokett abzuwerfen, mit strahlendem Gesicht. Wir erlauben ihm auszusteigen, der Mann spielt mit Florian zwischen den Autos Fangen. Andere Kinder kommen hinzu. Die Erwachsenen bieten einander Getränke und Zigaretten an. (In Italien wird noch geraucht, stellen Sie fest, Sie werden noch bemerken, daß hier Frauen mit der Zigarette in der Hand durch die Straßen spazieren.) Ein Golfer aus Grosseto ordnet seinen Kofferraum, zerrt seine Golfschläger hervor. Eine Frau aus Pisa feilt ihre Nägel. Ein schönes junges Mädchen aus B20476 gurrt zärtliche Koseworte ins Handy und gibt dabei unter Einsatz ihres wohlgeformten Körpers bestes Boulevardtheater à la Cocteaus »Geliebte Stimme« zum besten.

Florian weint, als sich der Stau auflöst und wir seinen neuen Spielgefährten verlassen müssen. Wann, mault er, kommt der nächste Stau?

Sie haben einen kleinen Unfall? Sind dem Vordermann gegen die Stoßstange gefahren? Sie können schon mal Pech haben und an einen der *barlacci*, einen muffigen Toskaner, geraten, doch in der Regel wird dergleichen Bagatelle ohne großes Gezeter ad acta gelegt. *Non si preoccupi* – »Machen Sie sich keine Sorgen!« ist die häufigste Antwort, die Sie bekommen. Aber Ihr Unfallgegner wird es sich nicht nehmen lassen, den kleinen Menschenauflauf auszunutzen, der sich unweigerlich bildet, um den kürzesten Weg ins Paradies per Auto zu diskutieren. Er wird seine persönliche Unfallphilosophie (»eine Todesursache muß der Mensch schließlich haben«) zum besten geben. Am Ende bekommen Sie Ratschläge, man wird zum Werkzeug greifen und den kleinen Schaden sofort reparieren. So viel Zeit ist immer. Kaum einer wird sich beschweren über die Wartezeit, die Sie verursachen – er wird sie nutzen.

Ähnliches habe ich in den Schlangen im Supermarkt oder in der Bank erlebt. Zuletzt im Wartezimmer einer Klinik in Grosseto, als mich ein Bauer aus unserem Dorf nicht nur ausführlich über das Vergnügen, italienische Gesetze zu umgehen, sondern auch über die Vorzüge des Wartens aufklärte. Eine dumme Angewohnheit, sagte er, zu warten, bis einem langweilig ist! Schade um die vergeudete Lebenszeit! *Sempre avanti!* Immerhin habe ich Sie besser kennengelernt!

Seine Augen leuchteten vor purem Vergnügen am Leben. Als ich das Arztzimmer verließ, spielte er mit einem Kind mit Kopfverband, formte mit den Fingern Giraffen und Krokodile, ließ Vögel fliegen und pfiff.

Angekommen

Plötzlich geht das, worauf Sie sich den ganzen Winter über gefreut haben, in Erfüllung: Sie sind da. Jetzt strömen alles Grün, das Terracotta und das Ocker der Felder und Wiesen auf Sie ein, das Blau des Himmels, das Silber der Ölbäume, das ganze freie Land der Toskana. Sie steigen aus. Atmen die klare Luft ein. Blicken hoch zu den Abendwolken. Ich bilde mir ein, daß es nirgendwo sonst so plastisch geformte Wolken gibt.

Sie sind angekommen. Sie sind erleichtert.

Eine seltsame Geschichte. Wir lieben Dörfer, deren Dächer sich berühren und die man mit einem Blick umfangen kann. Und bauen Hochhäuser. Wir würden gern mit dem Bäcker in seinem Laden schwätzen und polieren statt dessen unser Auto. Wir sehnen uns nach Natursteinmauern und wohnen in Beton. Wahrscheinlich ist das alles normal. Aber ist ein Land normal, das ausschließlich romantische Sehnsüchte weckt? Kann es sie heute noch einlösen?

Natürlich macht sich eine kritische Betrachtungsweise auch über die Toskana her. Nicht immer zu Unrecht. Die

Toskana, so die Skeptiker, ließe sich reduzieren auf ein Refugium für besserverdienende Lebenskünstler, vor allem aus den Medien und der Politik, für Kleingärtner und Spießer, sei ein Hort für geschäftstüchtige Makler und gewinne mit dem Niedergang der Politik Vorzimmercharakter für arbeitsscheue Absahner, die Partei mit Spenden und Arbeit mit Urlaub verwechselten. Sie sei nichts anderes als ein südliches Gegenstück zu Sylt, mehr nicht.

Die Preise für einfache Natursteinhäuser sind in den letzten zwanzig Jahren ums Zehnfache gestiegen. Die gesetzlichen Vorschriften, daß bei Neubauten die Proportionen und Maße der älteren Gebäude beibehalten werden müssen, haben die bedürftigen Kommunen, denen es nicht anders geht als bei uns, unter Berlusconi gelockert. Verstöße werden seltener geahndet. Geschäftstüchtige Geometer kaufen Grundstücke auf, besorgen Baugenehmigungen und verschachern sie für das Fünffache. Die traditionellen Naturbaustoffe werden immer häufiger von Fertigbauteilen abgelöst. Wo einst ein Häuschen stand, stehen jetzt zwei Häuser. Auf Denkmalschutz wird kaum noch geachtet. Reihenhäuser für Touristen entstehen und zerstören die Harmonie der wie Felskronen auf die Hügel gesetzten Dörfer. Die Toskaner verkaufen ihre alten, an Felsen geschmiegte Häuser und bauen sich neue.

Nach drei Jahrhunderten der Invasionen und fremder Herrschaft, nach Krieg und fünfzig Jahren zunehmender Enteignung durch Deutsche, Schweizer und Engländer, bleibt das Volk der Toskaner dennoch seltsam unbeteiligt. Ich bin der festen Überzeugung, daß es nie ganz an die Bedeutsamkeit und die Seßhaftigkeit der Fremden im eigenen Land glaubte. Und leise Entwicklungen weisen darauf hin, daß sie damit nicht falsch liegen. Wenn ein Haus wieder verkauft wird, erwerben immer häufiger Florentiner, Pisaner und Pratenser die Häuser. Sie kehren nach Jahrzehnten hüstelnd, blaß und nervös aus den Städten zu ihren Ursprüngen zurück.

Ihre Seelen werden wieder heiter, ihre Stimmen leiser, sie fangen an, ein aufrechtes, simples Leben zu leben. Sie schließen sich der Dorfgemeinschaft an und wohnen wieder in einem eigenen Haus.

»Mein Gott«, erzählt Irina, als sie endlich aus der Stadt zurückgekehrt war, »in der Stadt war ich stumm, kein einziges Lied habe ich dort gesungen! Viel zu viel Lärm! Doch das Schlimmste: Ich habe nicht einmal mehr daran gedacht –« Das Glück ist ein Lied von den Hügeln oder ein frisches Brot.

Gleich beim ersten Spaziergang gehe ich zum Bäcker und kaufe ein Brot, nicht nur, um den überwältigend freundlichen Silvano zu begrüßen, sondern auch, weil ich mich dann zu Hause fühle. Und kaum habe ich das Dorf verlassen und mich auf den Weg bergab zu unserem Haus gemacht, beiße ich in die knusprige Kruste: Ich kann's nicht lassen.

Unser täglich Brot gib uns heute: Nirgendwo wird diese Bitte mit mehr Dringlichkeit in der Kirche gerufen als in der Toskana, und es heißt, daß man in Kriegszeiten irgendwo in einem kleinen Nest einen Heiligen aus Holz in den Arno geworfen hat, weil er trotz inständiger Gebete kein Brot gegeben hatte. Der Brotpreis ist in Italien noch ein Politikum.

Das Brot ist die rustikale Einfachheit des toskanischen Landes, dessen Küche immer eine Küche der armen Leute war. Sie mußten essen, was vom Tisch der Reichen übrigblieb: Innereien, die weniger zarten Blätter vom Salat oder vom Kohl. Brot ist das Maß der Welt. Alle Toskaner essen viel davon, und viele brechen es wie einst Christus. Elsa, die Bäuerin vom letzten verbliebenen Bauernhof in meiner Umgebung, ißt täglich mindestens ein Pfund. So viel wie der manieristische Maler Jacopo Pontormo aus Florenz, dessen Porträt von Cosimo il Vecchio in den Uffizien hängt. Über seine Ernährung finden sich in seinem Tagebuch genaue Notizen: »Montag aß ich Hammel, Salat, Trauben, Käse und elf Unzen Brot.« Und: »Samstag aß ich zu Abend Eier, neun Unzen Brot, zwei trockene Feigen.«

Elsa erzählt schaudernd vom Krieg, als man Brot aus Kastanien und Kartoffeln machte. Nicht nach Käse und Fleisch hatte sie damals Sehnsucht, sondern nach Weizenbrot: Mir steht auch nicht der Sinn nach Schlössern oder Palästen, sagt sie, ich will Straßen, auf denen ich den Nachbarn, und Häuser, in denen ich die Decke berühren kann. Und während sie erzählt, nimmt sie sich bereits die dritte Scheibe Brot, dazu ein winziges Stückchen Fleisch und viel Salat. Was Wunder, sagt sie, daß die Menschen heute kranke Mägen haben, sie essen kein Brot.

Damals im Krieg, als sie Brot aus Bohnen, Erbsen, Wikken, Kastanien, Eicheln, Kürbissen und Rüben machten, gar aus Holz und Moos, Rinde und Stroh, da zog dieses bittere Brot ihr den Mund zusammen, verursachte ein Stechen und Brennen in der Brust.

Brot für alle! Die Genußfreudigkeit der Toskaner ist nicht elitär. Um so weniger Verständnis bringen sie denen entgegen, die Brot verschmähen. Elsa zum Beispiel fühlt sich persönlich getroffen: Brot, sagt sie, ist wie wir Frauen, es ist weich und warm, und es riecht nach Seele. Mir stößt eine Welt auf, die nichts Weibliches mehr hat. Und der sonst zartgesittete Esimio rügt seine schlankheitsbewußte Nichte Veronica, die kaum Brot ißt, hart: Ihr fehle es an *umanitá.*

Der letzte Etrusker in der Tourismusfalle

LARTH THUMES CLAN: Larth, Sohn des Thume – so hat sich mir eines Tages ein Mann mit schwarzem Bart vorgestellt, der rotgesotten von Nebelschwaden umhüllt, aus den heißen Quellen von Petriolo neben mir auftauchte. Larth, der letzte Etrusker, hatte er sich benannt: nach einer etruskischen Grabinschrift. Es war ein für dieses Land und seine Leute typisches Erlebnis: Die uralte Vergangenheit wird in der Gegenwart lebendig gehalten.

Man hört, wenn man die Toskaner nach ihren Vorfahren fragt, eine gewisse Herablassung. Sie werden Ihnen zwar Auskunft geben, doch mit Blicken, die besagen, Sie seien nicht würdig, dergleichen zu erfahren.

Denn die Toskaner nehmen für sich in Anspruch, das Ursprungsland der Etrusker zu sein und benennen ihre Restaurants oder Pizzerien, selbst ihre Diskotheken nach diesem geheimnisvollen Volk. Etruria, Etrusker, Tuscia, Toscana: Schon der Name Toskana weist auf dieses über die See eingewanderte, kleinasiatische Volk der Antike hin, das von der Küste her, über Tarquinia und Populonia, Etrurien besiedelte, die Landschaft im alten Italien zwischen Tyrrhenischem Meer, Tiber, Arno und Apennin. Ein rätselhaftes Erobervolk mit einer bis heute noch nicht entschlüsselten Sprache.

Die Etrusker müssen mit göttlichen Geistesgaben gesegnet gewesen sein, die sich nicht nur in herrlich geformten Skarabäen, goldenen Ketten, Ohrgehängen, geschwungenen Agraffen, Bronzespiegeln und Vasen niederschlugen, sondern auch in ziselierten Waffen, Werkzeugen, Schiffen, Grabdenkmälern, Pferdewagen, Äquadukten, Theaterarenen und Kaufstraßen. Sie lebten in mit eleganten Mosaiken, Säulen, Schwimmbädern und Bodenheizung ausgestatteten *palazzi*. Wohlhabende Fürsten der Toskana, mit Grundstücken, die Sicht aufs Meer gewährten, alten Ölbäumen, Weingärten, Gattinnen, Geliebten, Prostituierten, Köchen, Putzfrauen und Pagen. Minen-, Marmorbruch- und Hochöfenbesitzer, die zahllose Arbeiter beschäftigten, Schiffsunternehmer, Händler, Goldschmiede, Bildhauer, Architekten, Dichter und Schauspieler, Regisseure und Sänger.

Bilder, die aufleuchten und verlöschen, Wagenspuren, eingekerbt in die riesigen Steinquader der Straßen, die einst Sklaven hinaufgeschleppt und behauen hatten. Die Etrusker waren die Urväter der Toskaner, denen sie ihren starken Willen und Freiheitsbegriff weitergaben. Vorfahren, deren Liktorentracht und Gewänder, deren Mandelaugen und ausgeprägte Nasen wir heute auf Bildern Giottos oder Masaccios begegnen. Die Urgeschichte der Toskana? Da ist noch lange nicht alles herausgefunden. Einstweilen sind wir gezwungen, ein wenig zu fabulieren.

Übrigens: Sie finden überall, nahezu an jedem Ort, zwischen blühenden Hecken von Weißdorn und Wicken, die gleichen Überreste etruskischer Straßen, die gleichen Fundamente ihrer Häuser und Läden – Sie müssen nicht alle besuchen.

Auf den Niedergang der stolzen, wenig kriegerischen Etrusker in ihrem Stadtstaat Etruria und den Untergang des weströmischen Reiches folgten vier Jahrhunderte fremder Herrschaft durch Ostgoten, Griechen und Langobarden. Ungebrochen und heiter tauchten die Toskaner aus all dem auf und fuhren fort, ihr einfaches Leben zu leben.

In der Zeit der freien Kommunen und schließlich der Toskana Dantes und der Humanisten erwachte die Toskana mit Florenz als ihrem Mittelpunkt unter den Medici zu neuem Glanz. Mit den protzigen Geldleuten jedoch mochten die Toskaner sich nicht anfreunden. Auch die Napoleonischen Kriege, die vorübergehende Vereinigung mit Frankreich und die Habsburger Herrschaft vermochten den Stolz der Toskaner nicht zu brechen. Nicht einmal Mussolini und Hitler.

Als im September 1943 die Alliierten auf ihrem Weg von Sizilien gen Norden die Toskana erreichten, fanden sie freie Menschen vor, die sie mit einem ironischen Lächeln bedachten. Die Massaker der Deutschen hatten in den Toskanern ein neues demokratisches Bewußtsein hervorgerufen, das sie lange Zeit entbehrt hatten. Ein nationales Befreiungskomitee aus Kommunisten, Katholiken und überzeugten Antifaschisten gab den Partisanen, vernünftigen und vorsichtigen Menschen, Unterricht in toskanischen Tugenden und erzog sie zu politischem Denken. Noch heute finden sich in der Toskana alte Männer des Widerstands, denen nichts so zuwider ist wie die hohle Rhetorik und korrupte Kraftmeierei eines Berlusconi. Ab und zu entschlüpft dem alten Esimio ein grobes Wort, und wer genau hinhört, kann so etwas wie *questo buco*, dieses Nichts, vernehmen, »wer hat uns den nur geschickt?« Und wenn ich einwende, daß es nicht nur die Italiener, sondern auch die Toskaner waren, die Berlusconi zum zweitenmal gewählt haben, schenkt er mir nur ein spöttisches Lächeln: »Wir werden auch diesen *buco* überstehen.«

Weniger überstehen wird die Toskana aber die Auswüchse des Tourismus, der systematisch an der Abschaffung der Harmonie und Schönheit arbeitet und moderne Einförmigkeit einziehen läßt. Am besten kommen da noch die Dörfer weg. In die möchte ich Sie zuerst entführen, in die kleinen Dörfer und Landstädte, nicht in die großen Städte mit ihren Sehenswürdigkeiten, weil dies mehr dem toskanischen Sinn für Maßhalten entspricht. Es ist das Gesicht des einfachen Volkes, das Ihnen das Land nahebringt. Zum Glück gibt es die wunderbar genauen Militärkarten, in denen jeder Brunnen und jedes Bächlein eingezeichnet ist, in jeder Buchhandlung zu kaufen. Darin finden Sie den entlegensten Ort.

Schon Marcus Aggrippa, der römische Kriegsheld unter Kaiser Augustus, hat den künftigen Geologen ins Handwerk gepfuscht und die erste Weltkarte entworfen. Handlich war sie nicht gerade, etwa zwanzig mal zehn Meter groß. Eine echte Wahnsinnstat, verübt unter Mitwirkung eines ganzen Heeres von Landvermessern und Kapitänen. Im Mittelpunkt, was sonst, Rom, und von Rom breiteten sich in alle Richtungen die Straßen und Schiffsrouten in die ganze Welt aus. Und eine der großen Straßen verlief durch die Toskana: die Via Aurelia, 214 vor Christus begonnen, immer noch die wichtigste Nord-Süd-Autobahn. Später, unter Cassius, folgte die Via Cassia.

Die ersten Touristen machten sich auf die Reise.

Die Norditaliener zog es nach dem Süden.

Für die Toskana gab's nur ein Problem: Die meisten fuhren einfach durch. Allenfalls machten sie einen Abstecher nach Florenz.

Die Gruppen von angetrunkenen und nikotinsüchtigen Norditalienern zog es wie die Römer zu den üppigen Tempeln, zu den ausschweifenden Prostituiertenfeiern, den Dichterwettbewerben mit Leierbegleitung und den Theateraufführungen in Neapel, vor allem aber zu den Pornoschuppen von Pompeji. Natürlich fehlte es nicht an Fanatikern für die göttlichen Bäder, die nackte Körper in nassen Tüchern versprachen. Was soll da ein krähender Hahn morgens um fünf auf dem Hof, ein grunzendes Wildschwein, ein Ölbrötchen oder ein Schafschinken in der Toskana?

Die mißachteten Toskaner grämten sich nicht lang und begannen, so etwas wie Marktforschung zu betreiben. Bald kannten sie die Wünsche der Touristen. Sie organisierten an der Aurelia einen kleinen Strich mit romantischen Buschhütten, Zelten, Erfrischungen und einer rustikalen Brotzeit. Es gab schon damals so etwas wie Raststätten am Meer und entlang der Aurelia, später dann pompöse Mietvillen und Gästehäuser mit schattigen Gärten und Pferdeweiden.

Die Toskaner besannen sich auf ihre hübschen Töchter und Schwiegertöchter, schickten sie zu ihren Gästen und ließen sie besten Chianti servieren. Sie entzückten selbst Goethe auf seiner »Italiänischen Reise«. Und nicht zuletzt setzten die Toskaner auf die Gastfreundschaft. Sie kultivierten und verfeinerten sie und widmeten sich liebevoll ihren Gästen. Die fanden es wunderbar, ihren Gastgebern zuzuhören und mit ihnen in der Laube zusammenzusitzen. Sie stellten fest, daß die Toskaner kräftig aßen, und fanden, daß ihre Sprache die unverblümteste und politischste von ganz Italien war. Vor allem fiel auf: Die Toskaner blieben stets Herren, auch die Bauern, und Handwerker wie Arbeiter waren von geistiger Eleganz und großzügiger Herzlichkeit.

Die frühen Touristen aus dem Norden kamen wieder.

Sehnsuchtsort der Engländer und Deutschen wurden Florenz und die Toskana dann für die Bildungsbürger des 19. Jahrhunderts. Doch auch die mageren Deutschen der kargen Nachkriegszeit – was Lebensgenuß betrifft weder trainiert noch sonderlich gescheit – fuhren bald gern hin. Sie reisten, die strenge Leibesvisitation an der Grenze inklusive, mit dem nächtlichen Brennerexpreß (dem Uraltgefährt, wohl noch in Betrieb, mit dem Klodeckelpatent: Verläßt man das Etablissement, klappt mit dem Öffnen der Tür der Klodeckel zu) nach Florenz. Oder rasten zu zweit auf ihren klobigen deutschen Rollern – *volare, hoho!* – und manchmal im olivefarbenen VW in das Land ihrer Träume.

Das frühe Stadium ihrer Genußfähigkeit erwies sich als ausbaufähig. Denn als sie zum ersten Mal toskanische Salami, Pecorino, den pikanten Schafskäse, Minzeis oder Spaghetti mit Pilzen aßen und Chianti tranken, wurden sie euphorisch. Von Brennesselspinat oder Wurst aus Sägespänen hatten sie für den Rest ihres Lebens genug. Unbefangen und reuelos betraten sie das Land, das sie zehn Jahre zuvor verwüstet hatten und zeigten ihren Frauen die Orte, an denen sie einquartiert gewesen waren. Erstaunlich, wie gut die meisten von ihnen mit ihrem schlechten Gewissen fertig geworden sind.

Mit dem ersten Wohlstand erwachte der Wunsch wiederzukommen. Die kleinen Gasthäuser auf dem Land mit ihren paar Betten reichten nicht aus. Heute hat jede zweite Fattoria, jedes zweite Landgut, jeder zweite *palazzo*, geräumig und hoch, wie für Riesen erbaut, gut eingerichtete, häufig rustikale Fremdenzimmer, manchmal sogar Apartments mit Küche und Bad. Ein reichhaltiges Angebot finden Sie in den Zeitungen oder im Internet. Inzwischen gibt es nicht nur Reiterhöfe, Malschulen oder Ferien mit Tagebuchschreiben unter Anleitung eines Psychologen, sondern auch Selbsterfahrungs- und Yogagruppen, Seminare zur Sprecherziehung, Schauspiel- und Schreibkurse – der Phantasie sind keine Grenzen gesetzt.

Je häufiger Sie kommen, desto mehr wächst der begreifliche Wunsch, eines von diesen Steinhäusern zu erwerben, ein Wunsch, auf den ich noch eingehen werde.

Begnügen Sie sich erst einmal mit einem Ferienhaus.

Wenn Sie an einem Samstag in die Toskana gefahren sind, haben Sie sich sicher über die beidseitig verstopfte Autobahn gewundert. Doch wenn Sie ein Ferienhaus gemietet haben, kommen Sie um diesen Tag nicht herum: Vermietet wird jeweils von Samstag auf Samstag. Um den Staus vor allem zur Ferienzeit zu entgehen, empfehle ich auf halber Strecke einen Halt, etwa in Sabbioneta, der Stadt auf Sand gebaut, in Canossa oder im prachtvollen Mantua.

Vielfach erweist sich Italiens Adel, Abkömmlinge der städtischen Patrizier, großzügig gegenüber dem deutschen Urlaubervolk und hält es nicht in der Fron. Man teilt den hochherrschaftlichen Stolz auf die Schönheit der im Familienbesitz befindlichen *palazzi*, Villen und Gärten: Aber auch mancher bürgerliche Gutsherr oder Gastronom, mitunter auch ein schlichter ländlicher Familienbetrieb vermietet Apartments in sanierten Gutshäusern, Bauernhäusern oder Weinschlössern. Selbst die Kirche zieht mit und bietet Klöster als Luxusherbergen an.

Die Toskana ist mit schmucken Mietvillen übersät, deren Interieur oft »toskanischer« als bei den Einheimischen ist: Wasser kommt aus rosafarbenen Marmorbecken, die Frühstücks-Loggia ziert ein Rosenstrauch und ein Lorbeerbäumchen, die mit üppigen Ornamenten übersäte Bettwäsche stammt von Versace. Über Ihrem Kopf knabbert der Holzwurm am jahrhundertealten Gebälk, und der riesige Barockspiegel mit Goldrahmen spiegelt Ihnen ein täglich runder werdendes Bild. Manchmal ist das Szenario reichlich übertrieben, Sie stolpern schon im Garten über Pflanzenkübel aus Terrakotta, behauene Steinfiguren, Zaumzeug, die Deichseln alter Kaleschen und Wagenräder, mit Blumentöpfen garniert. Das Frühstück ist deutsch, also üppig, in der *cantina* wartet auf Sie ein kleiner Stand, wo Sie Öl, Wein und eigenen Honig erwerben können, eingelegte Oliven oder getrocknete Steinpilze. Wanderwege, gottlob noch selten asphaltiert, umgeben das Haus, manchmal finden Sie einen Swimmingpool vor. Und wenn es ans Zahlen geht, ist es nur gerecht anzuerkennen, daß 1200 Euro für eine Woche ein Klacks sind, wenn Sie bedenken, daß die Vermieterin Ihnen zuraunt, in diesen Gemächern habe bereits Dante genächtigt und geschrieben. In der Toskana ist ein toter Dichter allemal mehr wert als ein lebender Tourist.

Das einfache Leben

Vom einfachen Leben schwärmen viele Menschen – das Thema ist aktuell wie selten zuvor. In die Tat umsetzen wollen sie es in ihren Ferien, ob auf einem Weingut, der Fattoria oder im kleinen Hotel, vielleicht später einmal im eigenen Haus: ein bescheidenes und sparsames Leben, nahe der Natur. Dafür lohnt es sich, erst einmal eine Bleibe in oder bei einem kleinen Dorf oder Städtchen zu wählen. Von dort aus können Sie die Umgebung und die nächste größere Stadt erobern.

Sanft geschwungene Hügel, Zypressen gegen den blauen Himmel, Olivenhaine, Weingärten, geheimnisvolle Treppen und Wappenportale, die zu verwilderten Wiesen führen, verfallene, oft unfertige oder bereits eingestürzte Gebäude, dazwischen adrette, renovierte Landhäuser – manchmal finden Sie noch eine Landschaft außerhalb der Zeit.

Ich empfehle Ihnen, im Norden anzufangen. Erschließen Sie sich dann das Umland von Florenz und Lucca, von Siena und Arezzo, und landen Sie schließlich im Süden der Toskana.

Reisende sollten sich erst einmal entspannen. Ich bin ein Geruchsmensch und werde ganz krank in den stinkenden Städten. Wenn ich in der Toskana ankomme, gehe ich immer sogleich in den Garten und pflücke wilde Minze und Fenchel, reibe Lavendel oder Rosmarin zwischen den Fingern. Der würzige Duft läßt Abgase und Benzingeruch verschwinden, beruhigt mich und gibt mir Kraft.

Sehen und gesehen werden

Dann gehe ich ins Dorf und schlendere über die *piazza*, den kleinen Dorfplatz, wo täglich, nach der *siesta* oder nach dem Abendessen, die *passegiata* stattfindet, der Rundgang im Uhrzeigersinn, eine Gewohnheit des Mediterran, die Bewegung verschafft, zum Klatsch oder einem Eis verführt. Ich genieße das kleine Alltagstheater und begrüße Freunde, die sich darüber freuen, daß ich wieder im Lande bin.

Lassen Sie sich ein auf dieses Schauspiel südlichen Lebens, tragen Sie Ihr neues Hemd und Ihr schönes Kleid! Genießen Sie es, zu sehen und gesehen zu werden, dieses ungebrochene Sich-zur-Schau-Stellen.

Nach dem Flanieren sollten Sie einen Cappuccino oder einen Espresso in der Bar trinken, in den Dörfern ist er meist ausgezeichnet. Der Cappuccino mit weißem Häubchen aus geschäumter Milch, der Espresso schwarz und zuckersteif.

Von der Bar aus werfen Sie noch einen Blick auf diese faszinierende kleine Gesellschaft, eine der lebendigsten dieser Welt. Und falls Sie die Sprache verstehen: Es ist nie idyllisch, dazu gibt es zu viel Widerspruch und zu viel Diskussionen. Aber es geht kultiviert und liebenswürdig zu, weil jeder einfach als Mensch reagiert, mit Sinn für menschliche Schwächen. An den unabänderlichen Grundfesten unseres Lebens wird indes nicht gerüttelt. Zeugung, Geburt, Lebenstrieb und Tod gehören fest dazu. Alles andere, was im Leben passiert, ist nichts als *teatro*, ein Rollenspiel, bei dem jeder das Beste geben muß, um die anderen angemessen zu unterhalten. Langweilig ist dieses *spettacolo* nie.

Von Bedarf und Bedürfnislosigkeit

Ich habe großen Respekt vor Menschen, die dem Überfluß den Rücken kehren wollen und die Bedürfnislosigkeit schätzen. Doch gibt es gerade in der Toskana Beispiele von idealisiertem alternativen Leben, das heillos mißglückt ist. Da arbeiten manche Paare ein paar Monate von früh bis spät als Kellner in deutschen Restaurants, um den Rest des Jahres ein hartes, asketisches Leben in der Toskana zu führen, ohne technisches Gerät und Strom. Sie kultivieren diese Selbstbeschränkung bis zur Religiosität. Vom hochgeschraubten Ideal eines naturnahen Lebens ist nur mehr der nackte Kampf ums Überleben geblieben. Und was die Kritik an der Verschwendung der Gegenwart betrifft, so ist daraus eine schrullige Verklärung der Vergangenheit geworden – einer Vergangenheit, die so nie war.

In den Achtundsechzigerjahren entstanden etliche solcher weltanschaulich geprägter Kommunen, von denen die allermeisten längst in kleinlichem Hader und gescheiterten Beziehungen endeten. Die ersehnte Selbstverwirklichung entpuppte sich oftmals als nichts anderes als ein weiteres Ausleseverfahren, bei dem auch nur der Stärkere siegt.

Angenommen, Sie haben dieses Ideal vom einfachen Leben in der Toskana, sehen Sie sich genau um. Lassen Sie sich von der skeptischen Philosophie der Toskaner leiten, wenn Sie den verklärenden Gesprächen von Toskanadeutschen lauschen, die geschönte Bilder entwerfen, von paradiesischen Zuständen schwärmen und einem sorgenfreien und mühelosen Leben in der Sonne. Sie wissen genau, daß selbst im August Dauerregen möglich ist, daß die Winter still und kalt, daß es am Meer nach der Saison gottverlassen und unbehaust ist. Sie haben zur Erde Zutrauen, zu dem, was Sie säen und ernten können. Aber wenn Sie in den Himmel blicken, so tun Sie es auch im Bewußtsein, daß er Trockenheit und Sturm, Hagel, Eis und Regen schicken kann, die Ihnen Ihre blühenden Bäume vernichten, Ihre Oliven faulig machen können. Sie wissen, wie endlos lang ein Abend mit dem Buch bei flackernder Ölfunsel sein kann und kennen sich selbst bei aller Bescheidenheit gut genug, um zu ahnen, daß kalte Füße und Dauerfrösteln einen eigenartigen Abstand zu allem Schönen erzeugen. Sie ahnen auch, daß, je älter Sie werden, Ihre innere Überzeugung von der Überlegenheit über die Naturkräfte ins Wanken geraten kann.

Aber erkämpfen Sie sich, dies ist die Chance, die uns die Toskana bietet, eine genügsame Unabhängigkeit. Nichts zu bedürfen ist göttlich, möglichst wenig zu bedürfen, kommt der göttlichen Vollkommenheit am nächsten, hat Sokrates gesagt.

Von Häusern und Handwerkern

Zum Bild von der Toskana gehört auch ein Haus aus rosenholzfarbenem oder sonnengelbem Naturstein, mit braungestrichenen Läden, davor eine Pergola, umgeben von einer üppigen Mittelmeer-Vegetation: ein fremdes und doch vertrautes Bild. Sie waren wiederholt in der Toskana, Sie sind herumgefahren, Sie haben die Inserate und die Aushänge der Maklerbüros studiert, und jetzt haben Sie sich in ein Haus verliebt, sind drauf und dran, es zu kaufen. Es ist aus

Feldsteinen gebaut, liegt auf einem Hügel und bietet einen weiten, herrlichen Blick über die Maremma bis ans Meer, umgeben von einem verwunschenen Garten mit Dornen- und Efeugestrüpp und viel Unkraut. *Una bella casa*, ungewöhnlich preiswert und herrlich gelegen, hat der Makler gesagt, *una bellissima chasa*, so spricht der Geometer es aus, das *casa* mit dem Hauch eines deutschen »ch«. Die einfachen Toskaner auf dem Land sprechen mitunter ein gutturales Italienisch.

Preiswert? Das war in den Achtzigerjahren noch anders, als, so Verleger und Toskanakenner Klaus Wagenbach, der Grafiker Willy Fleckhaus die Toskanafraktion erfand. Fleckhaus, der die Zeitschrift »Twen« kunstvoll und erlesen ausstattete, gestaltete auch jene legendäre Nummer, die auf Hochglanzpapier schöne, preiswerte Häuser und Ruinen zwischen sechstausend und zehntausend Mark vorstellte, und löste damit den ersten Toskana-Boom aus. Doch diese Zeiten sind längst vorbei. Eine Ruine bekommen Sie kaum unter sechzig- bis siebzigtausend Euro, die Renovierung kostet Sie mindestens noch einmal so viel. Ein bezugsfertiges Einfamilienhaus ist unter hundertdreißigtausend nicht zu finden, dazu kommen noch die Maklergebühren. Umbauten sind extrem teuer – der Stundenlohn eines Handwerkers ist höher als bei uns. Nicht zu vergessen den Lohn für den Geometer, eine Art Baumeister, der die Bauarbeiten begleitet, kleine Umbauten selbst erledigt und die Verhandlungen mit der *commune*, der Verwaltung des Dorfes oder Städtchens, übernimmt.

Grundregel: Seien Sie nicht zu romantisch, wenn Sie ein Haus erwerben und machen Sie sich klar, daß die Toskaner alles, was sie geben, so teuer verkaufen, daß sie immer gut dabei abschneiden. Sie tun das mit großer Selbstverständlichkeit und ohne die geringste Bereitschaft zu handeln, jedenfalls nicht mit Maklern oder Ausländern. Aber sie sind selten abgeneigt, den Fiskus zu hintergehen, das ist gut zu wissen. Doch insgesamt stehen sie auf dem Standpunkt, daß sie genug Entgegenkommen beweisen, wenn sie sich überhaupt dazu herablassen, ihr Haus zu Markte zu tragen. Sie sind allemal davon überzeugt, daß es besser ist, gut zu leben, als ein weiteres leerstehendes Häuschen zu besitzen.

Vergessen Sie über allem den ehemaligen Besitzer nicht, sofern es ein Toskaner ist. Wenn er Ihnen mit leichter Hand das Haus übergibt, sagt das wenig über seine wahre Empfindung aus. Wehleidige gibt es zum Glück kaum in der Toskana. Sie könnten ihm die Trennung von seinem Haus jedoch erleichtern, wenn Sie ihn ab und zu zu Rate ziehen oder um ein paar Handreichungen bitten, er wird es gerne tun. Wenn Sie seine Zuneigung gewinnen, wird er seine Hände über das Häuschen halten, solange er lebt.

Natürlich schwanken die Preise für ein Haus je nach Lage, nach Angebot und Nachfrage. In jedem Fall aber kostet es alles in allem einen *sacco di soldi*, einen Haufen Geld. Und je öfter Sie es betreten und das Grundstück durchstreifen, desto mehr Mängel entdecken Sie. Das Land um das Haus liegt brach. Die Olivenbäume sind seit Jahrzehnten nicht beschnitten und vom Unkraut fast erstickt, die Feige ist morsch, die Wege sind zugewachsen – eine Mordsarbeit. Das Badezimmer ist voll Schimmel, über dem Kamin droht Einsturzgefahr. Der Nachbar murmelt etwas von einer Quelle unter dem Haus, deshalb im Wohnzimmer die Pilze, die in den Ritzen des alten Steinbodens wachsen.

Dennoch! Sie sind hartnäckig und wie besessen. Sie kaufen das Haus. Das ist für die nächsten Jahre Ihre letzte Stunde als freier Mensch.

Ganz im Gegensatz zu den Handwerkern, die Sie in dieser Zeit beschäftigen. Ein toskanischer Handwerker ist ein Herr – und Feind jeder Autorität. Er hat es folglich nicht nötig, sich von einem Fremden sagen zu lassen, was er zu tun hat. Toskaner haben vor keinem noch so heiligen Termin Respekt und negieren ihn ohne jeden Skrupel, wenn er mit Hetze und Unbill verbunden ist. Oder einfach nicht gelegen kommt. An Arbeit eingehen für andere? Darauf kommen sie nicht.

Ein Volk ohne Herren, doch von großem Fleiß. Um sich toskanatypisches Kneifen und Lavieren der Handwerker zu erklären, müssen Sie wissen, daß sie mindestens zwei, manchmal drei Berufe haben, um zu überleben. Außerdem würden sie es für recht dumm halten, sich allein auf Sie als Arbeitgeber zu verlassen. Was können sie dafür, wenn die Deutschen ständig drängeln? Sie sagen jedem zu. So daß die vielen Ausflüchte und die halben Tage, an denen sie die Kelle fallen lassen und fortan unauffindbar sind, eine einfache Erklärung haben: Sie arbeiten beim Nachbarn aus Hamburg oder aus Genf.

Werden Sie bloß nicht wütend, sondern seien Sie so klug zu schweigen, wenn Sie es entdecken! Geschäftemachen war noch nie ein Verbrechen. Sie haben es trotzdem mit Ehrenmännern zu tun, auch wenn sie zu verdienen verstehen. Sehen Sie lieber zu, wie sie hobeln, mauern und streichen, und wenn Ihnen der Maurermeister die Kelle zuwirft: Hier, probier's selbst!, so ergreifen Sie die Chance und lernen Sie. Denn die Arbeit eines Hausbesitzers gehört nicht zu den leichtesten, besonders nicht in der Toskana. Ich spreche aus Erfahrung: Zu reparieren ist immer etwas.

Jetzt ist vielleicht Sommer, der Himmel blau. Doch das Klima ist rauher geworden, der Winter feucht und kalt, die Winde sind heftig. Es zieht im ganzen Haus. Alte Häuser haben selten ein Fundament, sondern sind direkt auf Erde oder auf den Felsen gebaut; es ist fußkalt. Die Heizung, zu der ich dringend rate, kann streiken, oder man liefert kein Öl. Also bewahren Sie sich Ihren Kamin, setzen Sie den Schornstein, vielleicht den ganzen Kamin höher, wenn er raucht oder nicht zieht, und sorgen Sie dafür, daß stets Holz im Haus ist.

Unwetter, Regengüsse, Blitzeinschlag, Überschwemmungen, Stromausfall, das Telefon tot, die Post streikt, die Tankstellen geschlossen, dazu Schäden am Dach und Reparaturen – Sie werden es bitter bereuen, wenn Sie nicht allein zurechtkommen können, sondern für jedes Kinkerlitzchen einen Handwerker brauchen. Das ist auch eine Geldfrage, denn Sie sind nach dem Kauf über Jahre blank, und auch in Zukunft ist das Haus ein Faß ohne Boden.

Sie sollten nicht in Gefängnissen wohnen, von Gittern und hohen Zäunen umgeben. Suchten Sie nicht das einfache Leben? Denken Sie immer daran, daß Sie einen Großteil Ihrer Zeit im Freien, unter der Pergola, auf der Loggia oder im Garten verbringen. Deshalb ist es zu empfehlen, die Häuser so einfach, preiswert und rustikal einzurichten, daß zum Diebstahl kein großer Anreiz besteht und die Dinge leicht zu ersetzen sind.

Planen Sie einen Tresor, so bauen Sie ihn lieber selbst! Verstecken Sie keine Goldbarren unterm Kopfkissen und lassen Sie Ihren teuren Schmuck besser zu Hause in Deutschland. Die Wahrheit ist, daß die Diebe und Räuber – laut Aussage der Carabinieri nie im Leben Toskaner, sondern meist Zigeuner oder Albaner – allemal einfallsreicher, flinker und schlauer sind als Sie und mit viel Scharfsinn die Gunst der Stunde zu nutzen wissen. Selbst Kinder sind schon zum Einsatz gekommen, weil sie klein genug sind, um zwischen Gitterstäben hindurchzuschlüpfen, und höfliche junge Mädchen, die nach dem Weg fragen und dabei die Machart Ihres Schlosses mustern, werden vorausgeschickt.

Wenn Sie es jedoch vorziehen, Ihre Schätze frei herumliegen zu lassen, so sollten Sie in der Tat das Haus selbst dann abschließen, wenn Sie in der unmittelbaren Nähe auf dem Grundstück arbeiten. Es gibt erstaunlich flinke Diebe.

Doch sollte ein Dieb schlauer gewesen sein als Sie und Sie beraubt haben, erwarten Sie sich nicht zuviel vom Carabiniere. Er wird in voller Montur mit seinem Kollegen kommen, mit desinteressiertem Lächeln, dem glatten Blick des Wohlerzogenen ein Protokoll aufnehmen, den Tatort besichtigen und gedämpft sprechen mit halbgeöffneten Zähnen, wie es den Höhergestellten eigen ist. Er wird gequält, herablassend etwas von Zigeunern murmeln und Sie argwöhnisch mit seinen Blicken abhobeln, von Kopf bis Fuß: könnte doch auch sein, Sie planen einen Versicherungsbetrug? Sie täuschen sich, wenn Sie annehmen, jemals wieder etwas von Ihrem geraubten Gut zu hören.

Faustregel: Je weniger Sie in Ihren Mauern hinter verriegelten Türen aufbewahren, desto freier sind Sie. Dann wachsen Sie in der Sonne und träumen bei offenem Fenster gut in der Nacht. Lassen Sie sich nicht von Ihren Ängsten besiegen, sonst wird Ihr Besitz zur Geißel. Und das teilt sich auch Ihren Handwerkern mit. Sie werden blinzeln und dieses halbe Lächeln zeigen, dieses Lächeln mit dem Mundwinkel, das nicht ohne ein wenig Verachtung ist. Sie schätzen großzügige Menschen voll kluger Vorsicht, doch kleinliche Elemente sind ihnen ein Graus. Argwohn ist für sie allemal ein Zeichen menschlicher Mittelmäßigkeit.

Gewinnen Sie Ihre Handwerker, machen Sie sie sich zu Freunden. Dann kann Ihr Haus einstürzen, ihre Freundschaft und Hilfe entziehen sie Ihnen nicht. Sie mögen sich mitunter widerspenstig und herrisch geben, sind aber dennoch präzise und gute Arbeiter. Sagen Sie sich, daß, auch wenn sie sich noch so an Ihnen bereichern, es allemal besser ist, ein bißchen die italienische Kultur zu subventionieren, als sich das Klima mit Hader zu vergiften.

Freuen Sie sich an Dante, der bei der Arbeit so wehmütig und prachtvoll von der Liebe singt, lauschen Sie, wenn Fabrizio seine Flüche gen Himmel schickt oder Francesco seine Sorgen über die Seele Berlusconis zum besten gibt – eine Bereicherung für Ihre Sprachkenntnisse ist das allemal. Nehmen Sie den Pinsel oder den Spaten und singen und arbeiten Sie mit. Das wird Ihnen die Zuneigung der Toskaner bis an Ihr Lebensende sichern.

Ein ganz besonderer Baum

Ihr Haus, Ihre Fattoria oder Ihr Landhotel ist sicher von einem Olivenhain umgeben. Ihr Blick gleitet über das sanfte Silbergrün, der leichte Wind fächelt die Blätter. In diesem majestätischen wilden Baum mit seinen breiten Stämmen und den verästelten Kronen atmet die Toskana mit ihren Winden, dem Grecale aus Griechenland, dem Libeccio aus Lybien, dem Scirocco aus Afrika und der Tramontana von den Bergen. In seinen Blättern leben die Steine, die Gewächse, die Macchia, der Wald, der ihn umgibt, die Flüsse, das Meer. In seinem grüngoldenen Öl fließt das Blut der Toskana, der Ton ihrer Erde und das Feuer der Sonne.

Tausend Jahre alt kann er werden und uns im Frühjahr mit zarten, grünlichweißen Blütenträubchen, fein wie Schnee, beschenken, im Herbst mit seinen grünen, im Winter den roten bis schwarzen Früchten, aus denen in den Ölmühlen das Öl gepreßt wird, das Gold des Baumes.

Wenn Sie zur Zeit der Olivenernte um Allerheiligen, Anfang November, in der Toskana sind – eine angenehme Zeit, das Wetter ist häufig sonnig und mild und das Land ohne Touristen –, dann können Sie spüren, wie sehr dieser Baum mit dem Land verbunden ist. Noch. Denn es wird immer schwerer, junge Leute für das Pflücken zu gewinnen. Viele, die in den Städten arbeiten, haben den Bezug zu den Dingen, die uns die Natur zu bieten hat, verloren. Der Übergang zum reinen Nutzdenken zeigt sich bereits an den neuen Olivenkulturen: Anstelle der Königsbäume mit ihren gabelförmig gespreizten Stämmen werden immer häufiger die schmucklosen niedrigeren Buscholiven gepflanzt, geheimnislos, aber bequemer zu pflücken. Auch die Sonnenblumenfelder nehmen zu, die mit Maschinen bearbeitet werden können.

Wenn Ihnen italienische Freunde oder Nachbarn die Gelegenheit dazu bieten, lassen Sie es sich nicht nehmen mitzupflücken. Denn wenn Sie in der leichten Luft in den Bäumen sind, umgeben vom herben Geruch der Gräser, die Sie niedertraten, spüren Sie die anarchische Kraft dieser Bäume, fühlen das leicht bittere, ölige Fleisch der kleinen Eierfrüchte zwischen ihren Fingern und atmen den herben Geruch der Blätter, das Aroma des goldgelben Saftes. Von den heiteren Gesprächen der Bauern abgesehen, die es für höchst einfältig halten zu arbeiten, wenn man dabei nicht sein Vergnügen hat. So lernen Sie auch, sollten Sie jetzt oder später einmal eigene Bäume haben, wie man die Netze unter dem Baum ausbreitet, wie man die roten, grobzackigen Olivenkämme handhabt und die Früchte löst, ohne sie zu beschädigen, und wie man die Bäume beschneidet – eine schwer erlernbare Kunst.

Einfach ist auch das Olivenpflücken nicht. Ernten Sie sie zu früh, haften die Früchte fest und sind schwer zu lösen. Ernten Sie zu spät – die Früchte müssen gepflückt werden, ehe die dunkle Verfärbung den Stein erreicht –, könnte das Öl seinen Duft verlieren und säuerlich werden. Der Olivenkamm kann sich in den Ästen verfangen. Die Früchte mit einem Stock abzuschlagen, bedarf noch weit mehr Erfahrung, Geschick und Kraft. Schließlich füllen Sie die Oliven in den Sack und genießen am Ende das Privileg, auf dem Traktor neben ihrer herben Fracht zu thronen und ins Dorf einzufahren. Dort, in der Ölmühle, werden die Säcke gewogen und etikettiert. Jeder bekommt sein eigenes Öl.

Man komme jetzt nicht mit dem Einwand, daß es doch gleichgültig sei, von wem die Oliven stammen. Öl ist nicht gleich Öl. Da wird der toskanische Bauer streitsüchtig: Natürlich hat er das beste *olio vergine* überhaupt! Nicht zu vergessen: Haben Sie beim Ernten geholfen, erhalten Sie die Hälfte der Menge, die Sie gepflückt haben, so will es das Gesetz. Doch für einen Liter Öl brauchen Sie fünf Kilo Oliven – und mehr als zehn Kilo pro Stunde schafft auch der beste Pflücker nicht.

Es lohnt sich, den Ölmühlen zur Erntezeit zuzusehen und den schweren Olivendampf einzuatmen, der Ihnen beim Betreten der Mühle entgegenschlägt. Alte Ölmühlen zu finden, in denen das Öl jedes Bauern separat gepreßt wird und in denen die Oliven noch in alten Steinbecken mit einem Mahlstein zwei Stunden lang zermahlen werden, ist freilich schwierig geworden. Die modernen Ölmühlen der Kooperativen arbeiten zwar nach dem gleichen Prinzip, doch läuft der Vorgang rascher und vollautomatisch ab, vom Waschen der Oliven bis zum Ausschleudern des Öls. Kenner sagen, daß der beschleunigte Vorgang der Ölqualität abträglich sei.

Die Ernten werden dort zueinandergeschüttet, und jeder erhält die entsprechende Menge kaltgepreßtes Öl für seine abgegebenen Früchte.

Der Olivenbaum ist äußerst empfindlich. Vor fast zwanzig Jahren hat ein Frost, der innerhalb von Stunden die noch regennassen Bäume in Eisphantome verwandelte, die Landschaft verändert. Bis heute hat sich die Toskana noch nicht von diesem Schock erholt. Zudem setzen zahlreiche Schädlinge den Bäumen zu: Eine Mottenart frißt sich im Sommer bis an den Stein durch, und die Früchte fallen ab. Winzige Blasenfüßler fressen die Blätter. Die schwarze Schildlaus, Rußtau sowie Käfer, Pilze und Bakterien verkleben, zersetzen und zerbohren Holz und Rinde. Deshalb spritzen die großen Olivenöllieferanten, die großen Fattorien, ihre Bäume mit aggressiven Giften.

Der Ölbaum braucht viel Pflege und Aufmerksamkeit. Die Erde um den Stamm muß regelmäßig umgegraben und gedüngt werden. Je mehr man für ihn tut, desto mehr gibt er, sagt mein Nachbar Esimio. Er will viel Raum und Licht und gedeiht am besten in der Sonne. Frisch gepflanzte Bäume brauchen sieben Jahre, bis sie Früchte tragen. Erst zwischen dem fünfunddreißigsten und einhundertfünfzigsten Jahr hat der Baum seine volle Pracht entfaltet. Es ist ein Wunderbaum: Selbst uralte, gefällte Bäume treiben wieder neu.

Wenn Sie Öl kaufen, gehen Sie am besten zum Bauern oder zum Nachbarn, wo sie noch ungespritztes Olivenöl bekommen. Das Öl der Bergolive ist feiner und weniger fett als das Öl der Ebenen und Maremmen. Frisches Öl erkennen Sie an der Farbe: Es ist kräutergrün, dann wird es gelb, je älter, desto blasser das Gelb.

Beachten Sie die Ölbezeichnungen, die das flüssige Gold schützen. Für die einzelnen Kategorien sind von der EU bestimmte Tests vorgeschrieben. Das feinste ist *olio d' oliva extra vergine*, natives Olivenöl extra von einwandfreiem Geschmack, wobei der Säuregehalt ein Gramm pro hundert Gramm nicht überschreiten darf.

Mit Ihrer ersten toskanischen Flasche Öl sollten Sie sich unbedingt eine *bruschetta* zubereiten, dazu Pinienkerne oder geröstete Kastanien.

Dieses Olivenöl ist wahrlich ein magischer Saft! Es ist reich an Vitaminen, Mineralien und Spurenelementen. Sein Kalziumgehalt ist höher als der von vielen Früchten, Gemüse, Fleisch und Fisch und entspricht dem der Kuhmilch. In der Zusammensetzung der Fette ist es der Muttermilch ähnlich. Es wird von allen Ölen am leichtesten vom Darm aufgenommen, unterstützt das Knochenwachstum und die Festigung der Wirbelsäule. Geben Sie Ihren Kindern Olivenöl schon vor der Geburt, später ohnedies. Es enthält fünfmal so viel Vitamin E wie Butter, beugt Herzkreislauf-Erkrankungen vor, senkt den Cholesterinspiegel und schützt vor Arteriosklerose. Von all diesen Krankheiten ist die Mittelmeerbevölkerung weniger betroffen als wir.

Wunderbar mit frischem Öl schmeckt *pasta aglio e olio*, die Lieblingsspeise fast aller Männer, ein herrlich einfaches Gericht. Sie schneiden eine frische Knoblauchzehe in kleine Würfel, erhitzen das Öl, braten die Würfelchen goldgelb und geben das ganze über die Spaghetti, mit feingeschnittenen Scheibchen frischer Peperoncini garniert. Ein Gericht, das voll und wild schmeckt. Und jetzt ist es Zeit für ein Glas kräftigen Wein, schlichten Landwein aus Ihrer Gegend.

Essen ist Leben

Guten Geschmack und gute Gerüche, das lernt man in der Toskana. Sobald die ersten wohlschmeckenden Tomaten auf dem Markt zu finden sind, habe ich die Ölkanne in der Hand, träufle ein paar Tropfen auf die aufgeschnittene Frucht, pflücke mir ein Basilikumblatt dazu und rieche, ehe ich hineinbeiße.

Es ist nicht immer ganz leicht, wohlschmeckende Tomaten zu finden. Italiens Export an Tomaten ist enorm, es steht nach den USA an zweiter Stelle. Also wird massenweise produziert, und die mit Plastikbahnen überzogenen Gewächshäuser nehmen auch in der Toskana zu. Mit Schrecken erinnere ich mich an meinen ersten Blick vom Vesuv übers Land: kein Grün, das Land mit Plastikbeeten überzogen – es sah aus, als stünde es unter Wasser. Doch lassen Sie sich nicht von den perfekten, tiefroten und riesigen Früchten täuschen. Es sind keineswegs diese glatten Exemplare, die das köstliche Aroma haben. Im Sommer weiche ich oft auf die Eiertomaten aus. Sie werden in der Toskana nur für *sugi* verwendet. Dafür müssen sie nicht perfekt aussehen. Sie bekommen noch ungefilterte Sonne und haben Geschmack, wenn auch eine etwas harte Schale. Strauchtomaten sind auch hier sehr beliebt, sie duften besonders intensiv nach Stengel und Blatt.

Doch am besten sind nach wie vor Elsas Tomaten, die sie aus ihren Samen vom Vorjahr zieht. Sie sind dünnschalig und sehen aus wie ein tiefrotes Bündel, faltig und mit tiefen Rillen. Sie sind so saftig, daß es spritzt, wenn man hineinbeißt, und durch und durch sonnengereift. Der Stiel sitzt so fest, daß man ihn nur mit Mühe herausdrehen kann.

Meine Lieblingssuppe ist die *pappa al pomodoro*, eine Tomaten-Brotsuppe. Ich dünste feingehackte Karotten mit Knoblauch-, Zwiebel- und Stangenselleriewürfelchen in Olivenöl an, gebe die frischen durchpassierten Tomaten und reichlich kleingehackte, rote Peperoncini und Knoblauch dazu und schmecke mit Gewürzen ab. Dazu gebe ich mal frischen Rosmarin, mal gehackten, frischen Basilikum: So schmeckt sie mir am besten. Das alte Weißbrot, das in Wasser eingeweicht war, drücke ich aus und gebe es in die kochende Suppe. Zum letzten Abschmecken gehört ein tüchtiger Schuß frisches Olivenöl, das macht aus der herrlich, roten Tomatensuppe erst die sämige *pappa*, einen lokkeren, würzigen Brei, mit der Gabel zu essen.

Als ich den ersten Sommer in der Toskana verbrachte, habe ich Elsa beneidet um ihre großen Töpfe mit Basilikum, das breit und üppig wuchs wie ein Busch. Inzwischen säe auch ich mein Basilikum zu Ostern selbst, pikiere die Pflänzchen und setze sie in einen großen Tontopf. Wenn wir im August kommen, erwartet mich vor dem Haus ein Basilikumstrauß. Und wenn wir wieder abfahren, pflücke ich die letzte Pracht und hacke die Blätter klein, vermenge sie mit reichlich geriebenem Pecorino, Pfeffer, Salz und im Mörser zerstoßenen Pinienkernen vom eigenen Baum. Den *pesto* fülle ich dann in kleine Gläser, bedecke ihn mit Öl und nehme ihn mit nach München.

Zum einfachen Glück gehören außer Tomaten, Basilikum und Olivenöl das toskanische Brot, Käse und Wein. Nicht zu vergessen die Pasta, um zu spüren, wie die Toskana auf der Zunge zergeht. Eigentlich ist sie kein Armeleuteessen – die Bauern und kleinen Leute konnten sie sich früher kaum leisten. Deshalb gehört sie auch bei Boccaccio ins Traumreich kulinarischer Ausschweifung.

Ich liebe es, ein Stück Brot zu essen, dick mit Schinken belegt, wie man es auf dem Land noch überall bekommt, während ich auf einem warmen Felsen sitze und über die Hügel schaue. Mein Nachbar Ezio zieht sich mittags einen frischen Knoblauch aus der Erde, in den er wie in einen Apfel hineinbeißt. Dazu gibt es Brot, würzigen Schafskäse und ein Glas Rotwein, basta. Beim Essen soll man spüren, wie die Toskana die Zunge aufrauht. Zum Glück sind die Toskaner traditionell und mögen das Schicke nicht. So hat sich die toskanische Küche kaum erneuert und ist seit Menschengedenken, wie sie ist.

Die Toskaner gehen nicht essen, um sich exotisch aufzutanken. Gutes Essen und gute Restaurants, das wissen sie, gibt es überall auf der Welt. Sie wollen es heimisch. Ihre Art zu essen macht heimisch. Sich bei ihnen niederzulassen, in einem kleinen Lokal oder zu Hause, heißt, in der Familie zu essen. Heißt, die Vergangenheit mit einem langen *spaghetto* heranzuholen.

Das italienische Essen ist ein Fest. Die Augen gehen dem Betrachter über angesichts der Farben und Wohlgerüche. Man hat Zeit füreinander. Man tauscht sich aus. Es entsteht eine Vertrautheit, von der man sich tragen lassen kann.

Die Pasta und das Beefsteak der Bäuerin

Die Toskana war bis zum 20. Jahrhundert ein Land der Verzehrer von Brot und Hülsenfrüchten, erst mit beginnendem Wohlstand konnte man sich den Luxus der Vielfalt leisten. Was wäre auch aus einem Dante, einem Petrarca, einem Boccaccio, Brunelleschi oder Michelangelo geworden, hätte er sich von Spaghetti und Ravioli ernährt, statt, wie Pontormo, von elf Unzen Brot?

Spaghetti und Pasta lösen in jeder Form Begeisterungsstürme aus, diese äußerst bekömmlichen Kohlehydrate von ungeheurer Artenvielfalt. Dabei ist es ein einfaches Teigwarengericht aus Mehl und Wasser, manchmal einem Ei. Pasta tritt in nahezu sämtlichen Formen auf, vom Korkenzieher über Buchstaben, Röhren, Muscheln, Täschchen und Schmetterlingen bis zum Engelshaar. Sie ist teigfarben, spinatgrün, safrangelb oder tomatenrot und auf hunderterlei Arten zuzubereiten. Ein Genuß, der Einfallsreichtum in der Kombination mit den *sugi*, den Soßen, und Liebe zum Detail verlangt. Wer die italienische Sprache versteht, erfährt viel von toskanischer Philosophie auf höchstem Niveau, aber auch von groben Verstößen. Ein Ehemann zerrt seine Frau an den Haaren. Ein hitziger, halbwüchsiger Rotzlöffel schiebt fluchend den Teller weg. Der *nonno*, der Opa, wirft die Spaghetti samt Schüssel zum Fenster hinaus. Derartiges können Sie beim Essen erleben. Ein ganz normaler Disput: Die Spaghetti sind nicht *al dente*, sind ohne Biß.

Man stelle sich vor, Sie setzen einem Toskaner etwas vor ohne Biß! (Heißer Tip: Haben Sie in Deutschland italienischen Besuch, gehen Sie nie mit ihm in ein italienisches Restaurant, Sie würden Ihren Gast kränken und sich die ewige Feindschaft des Wirtes zuziehen.)

Hat das Essen Biß, ist der Toskaner im Zustand der

Gnade. Wenn er nur keine verkochte, weiche Pasta vorgesetzt bekommt.

Im jahrhundertealten Streit um die Herkunft der Pasta nimmt die Toskana für sich in Anspruch, das italienische Ursprungsland zu sein. Doch mischen wir uns in den Disput, welches Land auf der Erde die Pasta erfand, besser nicht ein. Uns sagt unser Haus- und Küchenverstand, daß es etwas Vergleichbares in jedem Land gibt. Aber Tatsache ist, daß bereits die Etrusker auf ihren Gräbern Nudelhölzer, Teigrädchen und andere Werkzeuge zur Nudelherstellung in ihre Reliefs ritzten und daß Horaz mit *pastilius* jenes weiche nudelige und nudelnde Zeug, die Pasta, und Apicius mit *lagagna* die Lasagne meinte. Hier entspringt die Philosophie der Toskaner, die das Einlullend-Mütterliche lieben – aber mit Biß, und denen eine Winzigkeit, etwa zu weich Gekochtes, genügt, um ihr Vertrauen in die ganze Welt zu erschüttern.

Eine besondere toskanische Spezialität sind die breiten hausgemachten *papardelle*, delikat zusammen mit einem in Wein geschmorten Hasenragout, die *papardelle alle lepre*. Fein ist der *sugo* aus frischen Steinpilzen, die im September nach dem ersten Regen kindskopfgroß zu finden sind. Doch auch Wildschwein- und Entenragout sind etwas Besonderes. Häufig werden auch die Ravioli gegessen, das sind Teigtäschchen, die mit Spinat oder Mangold und einem Schafskäse, Pecorino, gefüllt sind.

Wenn meine Nachbarin Elsa die Nudeln selbst macht, ist das Ergebnis mit den gekauften Teigwaren kaum zu vergleichen. Sie sind hauchdünn, leicht und locker und zergehen auf der Zunge. Sie häuft das Hartweizenmehl auf den Holztisch, füllt in die Kuhle in der Mitte ein kleines Glas Wasser, gelegentlich ein Ei, und fängt an zu kneten, so lange, bis der Teig weich und geschmeidig ist. Dann läßt sie ihn eine Weile stehen. Zum Ausrollen mit dem speziellen langen

Nudelholz, das zu kaufen sich hierfür empfiehlt, beweist sie Geduld. Sie zieht den Teig aus, bis er dünn wie Papier, beinahe durchsichtig ist.

Elsa zuzusehen, wenn sie *tagliatelle*, *papardelle* oder *fettucine* schneidet, ist atemberaubend. Sie zerlegt den Teig mit einem scharfen Messer blitzschnell in feine Streifen. Für die kleinen Raviolitäschchen, die sie in Windeseile füllt, verwendet sie einen Raviolischneider.

Wenn ich lange am Schreibtisch gesessen habe, beleben mich die pikanten *penne all'arrabiata*, eine spitz zulaufende, kurze Röhrenpasta, die besonders geeignet ist, den kräftigen, mit scharfen *peperoncini* vermengten *sugo* aus frischen Tomaten aufzunehmen.

Es gibt wunderschöne Kochbücher mit den Abbildungen der verschiedensten Teigwaren, von *annellini* über *cannelloni*, *chitarre*, *capelli d' angelo* und *linguine* über *fettucine*, *orechiette* bis zu *rigatoni* und *vermicellini*, wobei Sie feststellen werden, daß *spaghetti* kein Sammelbegriff, sondern nur die Bezeichnung für die außerhalb Italiens häufigste Teigwarenform ist, deren Name von *spago*, der Strick, abgeleitet ist.

Mein Lieblingsgericht ist und bleibt: Spaghetti mit Tomatensugo aus ganz frischen Gartentomaten, an denen noch der würzige Geruch des Strauches hängt, mit einer in Olivenöl leicht angebratenen Zwiebel, ein wenig frischem Pfeffer und Salz, Parmesan und einer Handvoll Basilikum. Schon die Farben, bezeichnenderweise die italienischen Farben, verbreiten gute Laune.

Die *faglioli alla fiorentina* sind ein fleischloses Bohnengericht. Deutsche Touristen haben nichts übrig für Hülsenfrüchte – das hat immer noch mit Krieg und Nachkriegszeit zu tun, als wir zuviel davon aßen. Außerdem gelten sie als Dickmacher und als unschick. Doch nirgendwo in Italien finden Sie so wunderbare Bohnen-, Linsen- und Kichererbsengerichte wie in der Toskana. Es ist eine ausgesprochen toskanische Sitte, sozusagen in Prosa zu kochen, alles Süße weitgehend zu meiden und wie arme Verwandte die *cucina povera*, die Armeleuteküche, zu pflegen. Und dabei spielen die weißen Bohnen die Hauptrolle: als *bistecca contadina*, Beefsteak der Bäuerin. Fleisch wird hier ohnedies wenig gegessen, und wenn, dann nur ein kleines, dünnes Stückchen. Es sei denn, man genehmigt sich eine riesige zarte *bistecca alla fiorentina*, ein Beefsteak mit den Ausmaßen eines Suppentellers.

Die weißen Bohnen werden schon zwei Tage zuvor über Nacht eingeweicht, am nächsten Tag wird das Wasser abgeschüttet und die Bohnen werden gut bedeckt, mit Olivenöl, einem Schuß Weißwein, einem frischen Lorbeerblatt und Knoblauch weichgekocht und mit Pfeffer und Salz und etwas Oregano gewürzt. Darüber kommt ein würfelig geschnittener, leicht angebratener, knuspriger Toskaner Schinken, das ganze mit einer Scheibe Brot, dazu Wein und Wasser. Basta.

Anders als die anderen? Die Toskaner

In der Toskana als Fremder ein Bein an Deck zu bekommen, ist schlichtweg eine Frage der Intelligenz. Denn die Toskaner sind zweifellos die scharfsinnigsten unter den Italienern, haben manches mit den Berlinern gemein. Sie sind frech, boshaft und anarchistisch. Sie fragen und stellen in Frage. Und sie glauben nichts. Das müssen Sie wissen. Und sich darauf einstellen. Und dem mit Ihrem eigenen Witz begegnen. Sonst sind Sie, wenn Sie sich dort ansiedeln sollten, verraten und verkauft und fühlen sich ständig beleidigt. Denn die Toskaner haben eine lose Zunge.

Ohne Humor und Selbstironie kommen Sie nicht weit. Wenn Sie nicht in ausreichendem Maße über beides verfügen, ist der Umgang mit den Toskanern ein guter Weg, es zu lernen.

Intelligenz ist das Fluidum, das ihre ganze Welt umgibt. Mit ihrer Hilfe verstehen die Toskaner es, sich eine verfeinerte Welt zu schaffen, die Sie überall entdecken: in den Plätzen und Türmen, den Häusern und Palästen, den Skulpturen und den Gemälden, den Türen und Toren.

Intelligenz ist auch eine Frage der Ästhetik und der Kultur. Und von ihrer Liebenswürdigkeit, ihrer *gentilezza*, kann man sich geradezu tragen lassen.

Da ist Roberta, die hübsche Gemüsefrau, die mir zwei getrocknete Feigen zum Gemüse dazupackt, weil sie weiß, daß ich sie so gern esse; oder Silvano, der Bäcker, der den Liebhabern von frischer *schiaccia* schon an der Ladentür zuruft, daß er heute frische hat, mit Maronimus! Und Mario, mein Nachbar, der den Berg herabeilt, um mir mitzuteilen, daß ihm eingefallen ist, mit welchem Provisorium die Pumpe repariert werden könnte: Sie alle sind Toskaner und von unendlicher Liebenswürdigkeit.

Gentilezza, jene delikate Eigenschaft, die selbst im von Touristen heimgesuchten Florenz nicht geschwunden ist. Fassen Sie Zutrauen zu dieser Bildung des Herzens und nehmen Sie an, wenn die Bäuerin mit einer Schürze voll Tomaten kommt oder wenn Ihnen ein Nachbar das Auto aus dem Graben zieht. Schlagen Sie ein, wenn man Sie einlädt, und kommen Sie nicht mit falscher Bescheidenheit, sondern freuen Sie sich! Sie müssen sich auch nicht verpflichtet fühlen, sich möglichst rasch zu revanchieren. Aber Sie können, wenn Sie daran denken, Ihrem Gönner ein andermal an der Bar einen Espresso oder einen Wein spendieren, in aller Bescheidenheit.

Sie dürfen sich nicht wundern, wenn einfache Bauern von feinsinniger Großzügigkeit sind. Sie haben deshalb keineswegs die Absicht, Ihretwegen Mangel zu leiden! Aber Toskaner zu sein, ist eine Mission, die Mission eines großzügigen und freien Menschen. Und da ist es nicht weiter verwunderlich, wenn man Sie fühlen läßt: Sie sind Gast. Sein Gast. Sie können es drehen und wenden wie Sie wollen, können noch so oft wiederkommen, noch so lange dort wohnen: Sie bleiben es. Und letztlich ist das gerecht.

Stellen Sie sich vor, da stellt Ihnen einer seine Gärten und

Wiesen, seine Haine und Parks, sein Meer, seine Sonne und seinen Mond zur Verfügung, seinen Wein, sein Öl und seine Spaghetti – und Sie entlohnen ihn mit einem Eis! *La luna Toscana*: so rief neulich ein Mann, der über den Reichtum eines Fernrohrs verfügte, in den Boboli-Gärten in Florenz, *la luna toscana, un Euro*! Ohne Sie beleidigen zu wollen, muß ich sagen: Sie wären ein Rüpel, würden Sie nicht allein für seine geschäftliche Erfindungsgabe den Geldbeutel zükken!

Toskaner zu sein ist eine himmlische Gnade, die nicht weitergegeben oder erlangt werden kann. Das erfahren Sie spätestens dann, wenn Sie etwa eine Gegeneinladung aussprechen wollen. Man wird Ihnen freundlich, aber entschieden bescheiden: Danke, aber ein andermal! Und Sie im Handumdrehen mit einer neuen Einladung konfrontieren. Hegen Sie keinen Argwohn, sondern fügen Sie sich, auch wenn sich die Einladungen der Gegenseite häufen. Akzeptieren Sie, daß es für den Toskaner nichts Unantastbares gibt außer der *gentilezza* und der Gastfreundschaft. Außerdem weiß man, daß Sie es nötig haben: Sonst wären Sie nicht in der Toskana.

Ein wesentliches Merkmal, das die Toskaner im Lauf ihrer bewegten Geschichte ausgebildet haben, ist ihr eminenter Freiheitssinn – Sie werden ihn noch rechtzeitig spüren! Etwa, wenn es um das Anlegen von Gurten oder gar Geschwindigkeitsbegrenzung geht: Welch ungehörige Beschneidung der Freiheit! Die unbedingte Ablehnung jeglicher Tyrannei und Frömmelei zieht sich durch alle Zeiten. Auch in Epochen, in denen die Machthungrigen und Mächtigen, die Römer, das Haus Canossa und Genua, Kriege führten, mordeten und durch ganz Italien zogen, um zu erobern und zu zerstören, blieben die Toskaner immer zurückhaltend und verteidigten schlicht ihre Freiheit.

Die toskanischen Männer sind Muttersöhnchen und Machos wie alle Italiener, doch mit jenem Zug leichter Ironie, der auf Übung im geschickten zwischenmenschlichen Lavieren und im aufmerksamen Betrachten des weiblichen Geschlechts schließen läßt. Und da Knechtschaft für sie stets auf mangelnden Verstand schließen läßt, fühlen sie sich auch in der Ehe frei. Dabei sind sie gute und zärtliche Ehemänner und umsichtige, liebevolle Väter. Dennoch bleibt es eine ausgemachte Sache, daß es nichts Wichtigeres gibt als weibliche Treue. Jungfräulichkeit hingegen hat selbst auf dem Land nicht mehr denselben hohen Stellenwert wie früher.

Sie sind die besten Freunde, die man sich denken kann, und es ist immer ein Gewinn, sich auf ein anregendes Schwätzchen einzulassen: mit dem Bauern auf dem Land, mit der Frau hinter den Tomaten und Zucchini auf dem Markt und der Besitzerin der kleinen Schreibwaren- und Buchhandlung. Sie werden sich unterhalten und selten ohne einen neuen, ungewöhnlichen Gedanken nach Hause gehen, und sei es über einen Stein, ein Tier oder die Wolken. Die Toskaner sind zwar ausgemachte Realisten, doch sie haben die Gabe, hinter die Realität zu sehen, und verstehen es, eine ganze Welt in einem knorrigen Stück Holz oder in einem Schmetterlingsflügel zu fassen.

Wenn Sie eine Frau sind und nicht steinalt, verschwenden Sie keine Energie damit, Berührungen auszuweichen: Die Intelligenz des toskanischen Mannes besteht auch in einer Geläufigkeit in verbotenen Dingen. Er sucht bei jeder Frau die verborgene Empfindung und wird Sie auf seiner ständigen Suche nach Schönheit und Sinnlichkeit stets überlisten, sanft, galant und von jener Melancholie, die verführt.

Für den Toskaner ist ohnehin jeder Schauplatz so etwas wie eine Bühne, auf der er sein spielerisches Talent und sein Temperament unter Beweis stellen kann. Lassen Sie sich nicht zu der Annahme verleiten, er sei deswegen oberflächlich oder leide gar unter einer zwanghaften Selbstbespiegelungssucht. Es ist nichts als eine natürliche, fast kindliche Selbstinszenierung.

Es lohnt sich nicht, moralisch empört zu reagieren: Sie würden nur auf Unverständnis stoßen. Bei aller guten Erziehung – der Toskaner hat glänzende Manieren, ist sehr höflich und gebildet –, hier hat sie ihre Grenzen. Schuld daran ist die *mamma*, die ihren Jungen wie einen kleinen Gott behandelt, ihm kaum je widerspricht und sein Aufbrausen toleriert.

Die Position der *Mamme* ist in toskanischen Dörfern und Kleinstädten unangefochten. Sie sitzen ausladend vor der Tür ihrer Steinhäuser, das Strickzeug zwischen den Fingern – viele verdienen ein Zubrot durch Heimarbeit. Sie besitzen eine ruhige Autorität, die bei uns nur wenige Frauen haben. Zudem etwas Dunkles, Bodenständiges. Die Enkel, die sie erziehen, wachsen behütet und sorglos auf, doch intellektuelle Impulse erhalten sie nicht.

Anders sieht es in den größeren Städten aus, wo das Familienleben um einiges unverbindlicher geworden ist und die Familien oftmals allenfalls an den Wochenenden zusammenkommen. Die schlanken Frauen in ihren eleganten Kostümen gehen mit raschem, geschäftigem Schritt durch die Straßen. Das wilde Haar ist gebändigt, die Lippen sind rot, und es ist zunehmend schwierig richtig einzuschätzen, ob es sich um die Mütter oder um die berufstätige Tochter handelt. Sie reden nicht mehr von Hühnern oder Oliven, sondern von Aktien und Personalfragen. Sie lesen die Zeitung und rauchen.

Die Großmütter haben ihr Aussehen verändert. Ihre Lider sind goldbraun bemalt, die Augen dunkel umrandet, die Frisur gepflegt. Ein Hauch von Müdigkeit liegt über ihrem schönen Profil, das etwas von morbidem Adel hat. Und wenn sie dann richtig alt ist, sitzt diese moderne *nonna* nicht mehr auf der Ofenbank, sondern wird ins Altersheim abgeschoben und zweimal im Monat mit feuchten Augen besucht.

In den kleinen Städten und Dörfern ist das Zusammenleben noch von großer Liebenswürdigkeit und Selbstverständlichkeit geprägt – wohl mit ein Grund, warum wir deutschen Städter so gern dort sind. Wenn ich Freunde besuche, die seit zwei Jahren nach einem Schlaganfall halbseitig gelähmte Ida und den alten Fausto, berührt mich die Fürsorge und Liebe ihres Sohnes, der seine Mutter wäscht, wickelt und füttert und sie dabei zum Lachen bringt. Er tut das Nötige, nüchtern, ohne falsche Scham und ohne viele Worte. Und jeden Abend macht er mit ihr Gymnastik. Wehklagen gilt nicht. *Avanti mamma!*

Während die jungen Frauen in Florenz und Siena immer schlanker und hochgewachsener wirken, schick und selbstbewußt wie sie sind, trifft man auf dem Land oft einen kräftigeren Typ an, vollgestopft mit Kohlehydraten, die Haare zerzaust. Die meisten sind ohne Arbeit und haben oft keine andere Wahl, als sich auf Ehe und Kinderkriegen einzulassen, vorausgesetzt sie finden unter den jungen Arbeitslosen einen Mann, der den Mut dazu hat. Denn unter denen, so heißt es, gibt es immer mehr, die ausgesprochene Sexmuffel sind. Kinder? Weniger als bei uns: in der Toskana 1,3 pro Ehepaar. Im Jahr 2000 stieß »Le Monde« in Paris auf der Titelseite den Schrei aus: Rettet die Italiener! Da war die Geburtenrate fast unter Null gefallen. Schuld daran ist nicht nur die Berufstätigkeit der Frau. Auf dem Land spielt sie keine Rolle, da es kaum Arbeit für Frauen gibt. Es sind die zu hohen Lebenshaltungskosten und die infolge wechselnder oder entfernter Arbeitsplätze zunehmend auseinandergerissenen Familien. Meine italienischen Freunde berichten, daß es deshalb immer schwieriger wird, den sonst üblichen Tauschhandel (Wein, Öl, Gemüse etc.) mit Verwandten auf dem Land zu betreiben. Oft übersteigen die Fahrtkosten den Gewinn. So wird das Leben immer teurer.

Deshalb nehmen die »Nesthocker« dramatisch zu: Die jungen Leute bleiben oft bis über das vierzigste Lebensjahr hinaus bei ihren Eltern wohnen, da zieren sie schon graue Schläfen. Ehen werden immer weniger geschlossen, die Scheidungen nehmen zu, und die Verheirateten leben, wenn es geht, am liebsten nicht mehr als einen Kilometer von *mamma* entfernt (42 Prozent). Die italienische Großfamilie existiert nur noch über die Nabelschnur des *telefonino*. Die Zeiten, in denen die *mamma* – und *nonna* der Kinder – das Haus der Schwiegertochter sauberhielt, kochte, putzte und wusch, sind vorbei.

Toskaner lieben es, zu reden und Reden zu hören. Ihre rhetorische Begabung ist ungewöhnlich. Spricht einer der Vertreter der untereinander zerstrittenen, etwa dreißig linken Gruppierungen in Florenz auf der Piazza della Signoria, so ist es dort gerammelt voll, und das Volk genießt das theatralische Spektakel. Und das ist es wahrlich, ein Theater, wenn man die Drohgebärden und die kriegerische Haltung der Redner beobachtet – vor den Statuen von David, Perseus und Herkules gilt es sich zu bewähren. Mit ihrer Freude an Mimik und Gestik stellen sie nicht nur die Florentiner Bildhauerkunst in den Schatten, sondern bilden auch ein lebendiges Gegenstück zu ihrer selbstverschuldeten Mediendiktatur – die Blödheit des italienischen Fernsehens ist durch nichts mehr zu überbieten.

Die Toskaner sind passionierte Flucher. Niemand anders donnert so schön den alten Römerfluch: *corpo di baccho!* Den Papst beäugen sie skeptisch, wenn sie auch nicht unreligiös sind, allerdings eher auf eine pantheistische Art. Heilige wiederum schätzen sie sehr, weil sie zumeist besonders findig und von einem Hauch des Wundersamen umschwebt sind. Und dennoch bleiben die Heilige Katarina von Siena oder San Bernardino für sie in erster Linie Menschen. Am Papst schätzen sie seine Globalität, doch für sie selbst wäre das nichts, als achtzigjähriger himmlischer Tourist permanent durch die Welt zu schweben, in einer gläsernen Zelle auf Rädern überallhin zu fahren und das Gotteswort zu verkünden. Überhaupt haben es die Toskaner nicht mit dem globalen Zirkulieren – sie bleiben lieber im eigenen Land. Gerade unter den einfachen Menschen gibt es etliche, die noch nie in Venedig waren. Auf Hochzeitsreise ging es nach Siena oder Florenz.

Darin liegt eine Stärke der Toskaner, daß sie sich die Liebe zu ihrem eigenen Land tief bewahrt haben. Der Blick der Touristen auf ihr Land ist ihnen fremd. Sie genießen die Schönheit ganz unmittelbar, breiten die Arme aus und sagen: *come bello*! Sie wissen, daß sie auf einem einzigartigen Flecken Land leben. Doch wenn ihnen ein Deutscher mit umnebeltem Auge versichert, wie schön es bei ihnen sei, schauen sie ihn nur fragend an, als bezweifelten sie, daß er das tatsächlich beurteilen könne. »Idillico«, sagt Mario, »die Deutschen finden die Toskana *idillico*. Sie irren.« Sie wissen genau, daß es hier gar nicht so idyllisch ist, daß Industrie, Umweltprobleme und ein wankendes Sozialgefüge bedenklich stimmen. Doch sie arrangieren sich mit unserer Toskanaseligkeit. *L'arte di arrangiarsi*, die Kunst sich zu arrangieren, ist eine ihrer besonders ausgeprägten Qualitäten. Die unruhige Geschichte ihres Landes hat sie auch in dieser Hinsicht geprägt. Aber sie haben sich selbst dabei niemals aufgegeben.

Auf dem Land gibt es noch Männer, die singen. Die Toskaner haben ihre ganz eigene Art zu singen – gefühlvoll, mit himmlischen Vibrationen –, und es gibt wenige, die nicht gut singen können. Sie singen bei der Arbeit, am Meer und im Bad und haben jene gebrochenen Stimmen, die meinen Sohn, als er noch klein war, einmal zu der Frage anregten: Warum sind die Toskaner eigentlich immer erkältet?

Den Fußball trägt Mario, wie alle Toskaner, in der Seele, und natürlich ist er ein Fan von der »Fiorentina«, für viele Florentiner war sie das wichtigste Bindeglied zu ihrer Stadt. Ihren Konkurs und Untergang hat er bis heute noch nicht verwunden. Vorüber die Zeiten, als mein Sohn vom scheußlichen violetten Kunststoffhemd des AC Florenz nicht zu trennen war. Dafür gestattet sich Florenz, auch einmal offiziell aus den Fugen zu geraten: beim *calcio in costume*, am Tag des Florentiner Schutzpatrons San Giovanni. Wüst geht es dabei zu, wenn vier Amateurmannschaften aus vier Florentiner Contraden aufeinander losgehen und eher Rugby als Fußball bieten: Man stellt sich ein Bein, klammert sich an den Stürmer, reißt an den Haaren und gelegentlich auch an den Ohren.

Vor Kindern schmelzen die Toskaner dahin. Der Literat Ludovico Carbone hat eine Anekdote aus dem Leben des Großherzogs Cosimo de' Medici überliefert. Während des Empfangs einer Gesandtschaft aus Lucca in seinem Haus kam sein Enkelkind ins Zimmer gelaufen und bat ihn, ihm aus Rohrstücken eine Schalmei zu basteln. Sofort habe Cosimo das Gespräch unterbrochen und dem Kind seinen Wunsch erfüllt. Als die Gesandten sich beschwerten, daß ihm ein Kind wichtiger sei als ihre Verhandlungen, lachte Cosimo herzlich und sagte: Seid ihr nicht auch Väter? Wißt ihr nicht, daß die wahre Liebe die Liebe zu unseren Kindern und Enkeln ist? Und er fügte hinzu, sie sollten froh sein, daß ihn das Kind nicht auch noch gebeten habe, darauf zu spielen.

Ein Baby in den Armen herumzutragen ist für sie mit nichts zu vergleichen. Dieses noch vollkommen arglose, ungeschützte Wesen fasziniert Männer wie Frauen, junge und alte. Hier geht es nicht um elterliche Pflicht oder Sorge. Die Toskaner sind Menschen von großer Zärtlichkeit für das Schwache und Kleine. Es drängt sie dazu, zu liebkosen und zu berühren – das existiert einfach in ihnen, mühelos und selbstverständlich. Für sie heißt gebären auch: selbst neu geboren zu werden, und sie empfinden das rein körperlich.

Gehen Sie freundlich und großherzig auf die Kinder zu! Erwachsene, die Kinder nicht beachten, verdienen auch ihrerseits keine Achtung: so hat es mir unser Postbote gesagt.

Toskanische Genüsse
dolce und *piccante*

Wenn ich den Nachtzug von München nach Florenz nehme, bin ich unter den ersten, die morgens vor der Bar am Bahnhof anstehen. Sie öffnet um sechs. Ich warte zusammen mit verschlafenem Reinigungspersonal, das seine morgendliche Arbeit bereits beendet hat, mit den Ungeduldigen, die mit Bus oder Zug zur Arbeit fahren und ihre zweite Zigarette zwischen den Fingern halten, und mit ein paar schwarzen Prostituierten, die in den gleichen Nahverkehrszug steigen, um sich auf dem Strich entlang der Küste zu postieren.

Kaum ist die erste Bedienung zu sehen, beginnt das Gedränge, und sobald sich die Türflügel öffnen, fallen die Wartenden am Tresen ein und verlangen nach dem süßen Espresso. Sein bitterer Geruch, das Zischen des Dampfes und das Klappern der Täßchen dringt durch den ganzen Raum.

Fahren wir mit dem Auto, ist unbedingt ein Cappuccino in der Bar Garibaldi auf der Piazza Arnolfo die Cambio in Colle Val d' Elsa fällig. Ein herrliches Café mit alten Rundbögen und einem Gewölbe, vielen frischen Brotsorten, köstlichsten *dolci* und feinsten Konditorwaren, Plätzchen, Kuchen und Schokoladen. Einen paradiesischen Platz hat, wer auf der luftigen und hellen *piazza* zwischen blutroten Geranien unter den weißen Schirmen sitzt und die schönen Leute beobachtet, die vorbeiflanieren, oder den sandfarbenen Brunnen in der Mitte. Der Marmormantel über dem breiten Rücken Giacomo Mazzonis, der 1849 zum Triumvirat der Toskanischen Republik zählte und dessen Denkmal den Platz schmückt, versperrt die Sicht auf den alten Bahnhof auf der anderen Seite des Platzes.

Oft stehe ich an der Bar und sehe dem Barkeeper zu, einem schlanken, schwarzhaarigen, schönen Mann. Jahraus, jahrein jongliert er *cappuccini* und *espressi* mit so viel Vehemenz, Geschicklichkeit, Eleganz und Mut zur Geschwindigkeit, daß ich jedesmal wieder staune. Er schlägt den Kaffeesatz aus, füllt neuen Kaffee ein, schraubt, schiebt, drückt Knöpfe, macht Dampf, schäumt, wirbelt die gefüllten Täßchen durch die Luft und rückt Zucker, Schokolade und Kandis zurecht, all dies mit hochgezogenen Augenbrauen und erhobener Nase, arrogantem Mund, aus dem nur gelegentlich ein hingeworfenes Wort dringt, mitunter auch ein spöttisches, amüsiertes Lächeln – doch, es macht ihm offenbar Spaß.

An der Art, wie er schaut, erkennt man, daß er seine Gäste ebenso rasch einzuordnen weiß wie seine Täßchen. Anfangs machte mich der Blick fast nervös, jetzt pariere ich ihn und trinke seinen Kaffee mit lässiger Selbstverständlichkeit. Natürlich ist er gut, er ist sogar außergewöhnlich gut, nicht viel Kaffee, aber sehr stark, extrem heiß und stark gezuckert.

Es ist seltsam, fast schwindelerregend, jedenfalls einzigartig, ihm zuzusehen; als befände ich mich inmitten geflügelter Täßchen, die zwischen den Menschen durch die Lüfte segeln, ausgesandt von einem Artisten mit hundert Armen.

Es wird geschrien, gelacht, gerufen, eine Kaffeekomödie voller irrwitziger Bewegungen. Ein inszenierter Kaffeegenuß.

Italien ist ein Kaffeeland. Nur Engländer, Hamburger und Kranke trinken dort Tee. Schlechten Kaffee kaufen Sie nirgendwo, nur guten und sehr guten. Immer ist er schwarz gebrannt und hat deshalb wenig Säure.

Niemand kann mir ausreden, daß die Art der Zubereitung des Kaffees in Deutschland eine Zumutung ist, und beim Cappuccino gar haben wir jeden Sinn für das Maß verloren: Wir überladen ihn mit geschlagener Sahne! Machen Sie sich keine Gedanken, wenn Sie in der Toskana drei, vier Cappuccini oder Espressi trinken, es wird Ihnen bekommen. Ganz im Unterschied zu deutschem Filterkaffee, der dem Magen zusetzt und ganz zittrig macht.

Fester Bestandteil des Lebens und der Ernährung ist Brot. Das klassische Toskanerbrot, das ich gern esse, unterscheidet sich nicht vom Brot, das die Toskaner vor zweitausend Jahren von den Orientalen übernahmen. Die findigen Römer hatten es aus dem Orient mitgebracht und haben aus dem Fladenbrot ihre *focaccia* und ihre geliebte Pizza gemacht. Das ungesalzene Brot, das Deutsche manchmal als fade kritisieren, soll ohne Eigengeschmack sein, um den Geschmack des Essens, zu dem es gereicht wird, nicht zu stören. Das hat das Brot mit der Pasta gemein: sie ist dazu da, den Geschmack der *sugi* zu binden. Ölbrötchen oder die weißgepuderte flache *ciabatta* ziehe ich dem seit ein paar Jahren für die Touristen gebackenen gesalzenen Baguette vor. Eine Köstlichkeit ist auch die *bruscetta*, geröstetes Brot, zärtlich mit einer Knoblauchzehe gestreichelt, mit jungem grünen Olivenöl beträufelt, gewürzt mit ein wenig frischem, gemahlenem Pfeffer und Salz. Am Schreibtisch im Freien habe ich stets ein paar Stücke der pikanten *schiaccia* neben mir, eine Art

Knabberpizza, mit Schweinefett oder Öl und Rosmarin gebacken, mit Oliven oder Rosinen oder mit einem Kastanienpüree bestrichen, wunderbar auch auf Reisen, sofern man eine Flasche Wasser gegen den unweigerlich folgenden Durst bei sich hat.

Eine typische toskanische Vorspeise sind die knusprigen *crostini*, mit Olivenöl bepinselte Brotscheiben, im Backofen geröstet und dann mit frischen Tomatenstückchen, Taubenleber oder eingelegten Pilzen belegt. Auch Brot vom Vortag läßt sich dazu verwenden, wenn man es zuvor mit ein paar Löffeln Fleischbrühe befeuchtet.

In der Toskana wird heute zum Essen nur frisches Brot gereicht, doch auch für das altbackene wurden köstliche Gerichte erfunden. *Aqua cotta* etwa, was schlichtweg gekochtes Wasser heißt: Wir würden dieses alte toskanische Arme-Leute-Gericht Brotsuppe nennen. Resteverwertung, sättigend, preiswert und rustikal: Ein wenig eingeweichtes Brot, eine Zwiebel, Knoblauch, eine Karotte, Sellerie, eine Tomate, in Wasser oder einem Rest Fleischbrühe gekocht.

Angenehm an heißen Tagen ist auch *panzanella*, eine Art kalter Semmelknödel aus Zwiebel, Tomaten, Knoblauch, Salz, Pfeffer, Essig und Öl, angemacht wie Salat.

Ostern in der Toskana, das ist der Schinken in der Speisekammer, das gestochene Lamm am Haken in der Metzgerei, die Lammkeule auf dem marmornen Ladentisch, der oft so hoch ist, daß ich mich auf die Zehenspitzen stellen muß. Es ist die Hoch-Zeit für den Metzger, der von seinem Podest auf uns herabblickt, das Beil in der Hand, umweht von Blutgeruch.

Ich bin in der »Norcineria«, der Wurstmacherei von Greve in Chianti, dem bekanntesten Wursthersteller in der Toskana, und stehe in der Schlange. Dem anklagenden, toten Auge des Lammes weiche ich aus und blicke hinaus auf die Arkaden und die Korallendächer. Vorbei an schwebenden Ölbäumen an den Hängen sind wir gefahren, an silbrigem Nebel im Tal, an vergoldeten Wäldern vor Siena, als die Sonne durchkam, und an Gemüsegärten mit dunklem, krausem Kohl, der geschmort kräftig und würzig schmeckt, eine Spezialität der Toskana.

Ich blicke auf die Ausrüstung des Metzgers, den Wetzstein, den Hammer, das Hackbeil, das blutbefleckte Brett und den blitzblanken Marmor, auf dem die Wurst geschnitten wird. Endlich komme ich dran und kaufe *finocchiona*, eine dicke, mit Fenchelsamen durchsetzte Wurst aus Schweinefleisch, die aus der Gegend von Siena stammt. Sie ist für viele die beste toskanische Wurst, ebenso die Wildschweinsalami, die mager und würzig ist. Dazu nehme ich noch einen Ring der kleinen, aromatischen Wildschweinwürstchen, die in meinem Dorf stets zu salzig geraten, eine üppig gewürzte *salsiccia* vom Wildschwein, und eine *salame toscano*, eine Salami aus Schweinefleisch mit groben Fettstücken, mit Salz und grobem, schwarzem Pfeffer gewürzt. Am Ende lasse ich mir von Signor Falorni ein mageres Stück toskanischen Schinken abschneiden, auch er recht kräftig gewürzt.

Als das Zentrum der italienischen Reiskultur gilt die Po-Ebene, doch auch in der Toskana gibt es Reisfelder, etwa in der Nähe der Schwefelquellen von Petriolo. Nicht groß, aber doch eine ansehnliche Fläche. Die Toskaner sind klug genug, nicht hinauszuposaunen, daß sie ein wenig Reis anbauen, und essen dieses Wunder an Leichtigkeit und Reinheit lieber selbst. Und weil sie einen Sinn für die bescheidenen Dinge haben, sind ihre *risotti* von kunstvoller Einfachheit, als hätte die Natur sie selbst gemacht. Typisch für die Toskana ist das *risotto alla marinara*, *risotto di mare* oder *risotto alla pescatore*. Sie bekommen es am Tyrrhenischen

Meer oder auf der der Toskana vorgelagerten kleinen Insel Giglio, der Lilieninsel. *Vieni al mare*! sagte in meinem ersten Toskana-Jahr Rudolfo, der Wirt der kleinen Bar »Da Nada« in Roccatederighi zu mir, als ich danach verlangte, geh ans Meer! Die Toskaner neigen dazu, das Maß zu wahren. Fisch ißt man am Meer, Wildschwein auf dem Land.

Am häufigsten wird der *riso arborio* in der Kategorie *superfino* für *risotti* verwendet, da er unter den italienischen Reissorten die größten Körner besitzt. Geeignet ist aber auch *carnaroli*, *roma*, *baldo* oder *vialone nano*, *padano* und *rosa marchetti* in der Kategorie *semifino*. Wenn Sie nicht über Geheimquellen verfügen, kaufen Sie *riso flora*, der in verschiedenen Kategorien angeboten wird, und nehmen Sie ihn nach Deutschland mit. Denn da gibt es kaum guten Risotto-Reis.

Im Frühjahr gehe ich die Wege ab, suche den dünnen, wilden Spargel und bereite Spargelrisotto zu, indem ich die geputzten und abgetrennten Spargelspitzen mit dem Reis zusammen in heißer Geflügelbrühe dünste und am Ende Butter und Parmesan dazugebe. Im Herbst schließlich, wenn nach dem ersten Regen alle vom Pilzfieber erfaßt und die Kürbisse reif sind, gibt es meine Lieblingsrisotti: Steinpilz- oder Kürbisrisotto. Die Steinpilze füge ich dem Reis erst nach sieben Minuten bei, damit sie nicht zu sehr verkochen, während ich beim sonnengelben *risotto con la zucca* die Kürbiswürfel in Öl und Butter acht Minuten lang andünste, ehe ich Reis und Gemüsebrühe hinzugebe. Am Ende mische ich Butter, schwarzen Pfeffer und Parmesan darunter.

Wenn Sie die Toskaner ein ganzes Stück besser kennenlernen möchten, dann beobachten Sie auf ihren Märkten, wie sie die Ware mustern und kritisch betrachten, die Früchte in ihren Händen wiegen und feilschen, bis sie es leid sind. Sie verschwenden nicht Ihre Zeit, wenn Sie auf den Märkten herumziehen, sondern schulen Ihre Sinne. Der Markt gibt ein Gefühl von Zusammenhalt und demonstriert die Lust, miteinander zu kochen und zu essen.

Mediterrane Märkte haben etwas Magisches. Sobald Sie die Ware sehen, verwandelt sie sich in Ihrem Kopf in eine Minestrone oder in Perlhuhn mit Kastanienpüree. In Roastbeef mit blutigem Kern. In Reistörtchen mit Vanille. In Ricottaklößchen mit Spinat. In Pasta mit Trüffeln oder Panna mit Nüssen. In diesem Schlaraffenland herrscht einzig und allein die Lust. *La dolce vita*, nichts sonst.

Auf dem Markt finden Sie auch die Zutaten für ein Gericht, das besonders in Florenz beliebt ist: mit Kalbfleisch und Ricotta gefüllte Zucchiniblüten, die esse ich für mein Leben gern. Schon der duftende, sonnengelbe Strauß Zucchiniblüten ist verlockend anzusehen. Sie vermengen frischen Ricotta, Brotkrumen, ein wenig geriebenen Parmesan, ein paar Tropfen Öl, Knoblauch und Petersilie mit dem Kalbshack, würzen mit Salz und Pfeffer, füllen die Farce in die überraschend feste Blüte und schließen sie. Die kleinen Pakete dünsten Sie dann in einer zarten Soße aus frischen Tomaten. Aber auch in einem Teig aus Mehl, Salz, einem Eiweiß und ein wenig Olivenöl knusprig gebraten, schmekken die Blüten ohne jede Füllung wundervoll. Dazu gibt es Brunello, schwarzroten toskanischen Wein.

Die bei den Toskanern besonders ausgeprägte Eigenart des Menschen, Liebenswertes mit einem grausamen Zug zu verbinden, zeigt sich deutlich an der Jagd. Die Männer der Toskana haben eine auffällig enge Bindung zu ihrem Land und zu ihren Familien, die sie verantwortungsvoll versorgen. Sie sind aufmerksam und bescheiden, ob sie nun mit Stöcken zwischen den Steinen nach wildem Spargel suchen, Brombeeren pflücken, Muscheln sammeln oder Pilze. Doch wenn zur Jagd geblasen wird und die Jäger ausschwärmen, sollten Sie in Deckung gehen. Zur Jagdzeit kann ein Waldspaziergang im morgendlichen oder abendlichen Dämmerlicht riskant sein.

Die adrette Jagdausrüstung macht die Toskaner noch selbstbewußter, durchdrungen von ihrer Macht über Leben und Tod. Sie durchstreifen Wiesen und Wälder mit blutrünstigem Geschrei, das den Angriff begleitet.

»Ich möchte die jungen Edelleute lieber mit einem Buch als mit einem Sperber in der Hand sehen«, schrieb der Künstler Leon Battista Alberti im 15. Jahrhundert. Er zielte damit auf die Jagd, der Lorenzo de' Medici so leidenschaftlich huldigte.

Es ist zugegebenermaßen das Fleisch des Wildschweins, das auf der Jagd erlegt wird, eine Bereicherung der toskanischen Küche. Es ist zart, mild und schmeckt nach Kastanien, Eicheln, Nüssen, Wurzeln und Früchten, von denen sich die Wildschweine ernähren.

Wildschweine, einst von Ungarn nach Italien importiert, sind für die toskanischen Gärtner und Winzer inzwischen zur Landplage geworden. Sie vermehren sich rasch und verwüsten Wiesen und Felder, zertrampeln die Gärten und fressen das Gemüse. Meinen Rucola haben sie bis auf die Wurzeln eliminiert. Ich sehe sie manchmal auf meinem morgendlichen Lauf, wie sie auf zwei Beinen stehen, um hoch hängende Trauben zu erreichen. Meine Nachbarin Elsa liebt *cinghiale alla cacciatore*, Wildschweingulasch. Um den Wildschweingeschmack etwas zu mildern, wässert sie die großen Stücke mehrere Stunden lang und wechselt wiederholt das Wasser, bis kein Blut mehr austritt. Sie hackt Zwiebeln, Karotten und Selleriestangen – sie nennt dies *battuto* – und bündelt ein wenig Rosmarin und Salbei mit einem Lorbeerblatt. Dann tupft sie das Fleisch trocken und mariniert es mit den Gemüsen und Kräutern in ihrem Tischwein zwölf Stunden lang.

Wenn ich am nächsten Tag komme, sehe ich ihr zu, wie sie einen großzügigen Schuß ihres feinen Olivenöls in den Topf gibt und das Fleisch unter Zugabe von ein wenig Wasser, Kräutern und dem *battuto* zusammen mit drei gehackten Knoblauchzehen anbrät. Wenn die Zwiebelmasse zu karamelisieren beginnt, gibt sie ein Glas Rotwein hinzu. Später, wenn das Fleisch schon fast weich ist, fügt sie ein wenig von ihrem selbstgemachten Tomatensugo hinzu und würzt mit grob gemahlenem Pfeffer.

Die Sauce wird schön dick, ist aber nicht fett oder schwer. Sie ist sattbraun mit einem kräftigen Rotstich, eben jene Farbe, die die Maler *terra di Siena* nennen, toskanische Erde, als sei sie mit Ton, Metallen und Feuer gemischt.

Wenn Reste bleiben, schneidet sie das Fleisch klein, verlängert die Sauce ein wenig und reicht sie zu selbstgemachter Pasta.

Beim Wildschweingenuß habe ich noch nie einen Gedanken an die Jagd verloren, sondern füge mich in die soziale Ordnung und Tradition. Am Ende räumen wir den Tisch, geben die Abfälle den Katzen und waschen ab.

Süßspeisen spielen bei den Toskanern keine große Rolle, aber Ihre kulinarische Reise sollte Sie auch nach Siena auf die schöne Piazza Salimbeni führen. Dort findet sich die »*pasticcheria* und *gelateria*« von Danilo Nannini, Gianna Nanninis Vater, bei dem Sie ein Tütchen mit sienesischen kandierten Früchten oder eines der hübschen Päckchen mit *ricciarelli*, den leichten und luftigen Mandelplätzchen, erstehen können. Und noch dazu, obwohl nicht Weihnachten ist, ein *panforte*, eigentlich ein traditionelles Weihnachtsgebäck. Als Florian noch klein war, haben wir jedes Jahr zu Silvester damit ein Spiel gespielt, das ihm die Wartezeit versüßte: Wir stellten mit unseren Nachbarn, Mario, Virginia, Elsa, Sergio und Esimio unseren großen, schweren Kastanienholztisch quer in den Eßraum, postierten uns am schmalen Ende und benutzten den *panforte* als Wurfgeschoß. Wer am weitesten warf, ohne daß der *panforte* vom Tisch fiel, war Sieger der Runde. Das Ganze war natürlich nicht möglich ohne komplexe Messungen, lange Listen und viele Diskussionen, wessen *panforte* am längsten überstand. So vergingen die Stunden, und da man in der Toskana, will man im nächsten Jahr Glück haben, den Jahreswechsel nur mit gut gefülltem Magen erleben sollte, war es um elf Uhr bereits Zeit, wieder den Tisch zu decken – drei Stunden nach beendigtem Abendessen.

Es wäre beleidigend für Danilo Nannini, einen Einwand zu erheben, wenn er verkündet, daß sein *panforte* das einzige nach Originalrezept sei, das er nicht verrät und das er übrigens in verschiedenen Variationen anbietet. Man kann diesen recht massiven Lebkuchen aus Marzipan, Orangeat und Mandeln, der schon im Mittelalter mit kostbaren, orientalischen Gewürzen gebacken wurde, nur in kleinen Häppchen essen.

Dann, zum Abschluß, ein Glas *latte macchiato*, Milchkaffee, mit einem der köstlichen kleinen Reiskuchen im Caffè Nannini.

Überrascht Sie der Raum, den das Essen in meinem Buch einnimmt? Nun, vielleicht ertappen Sie sich selbst dabei, wie Sie nach einer Reise in die Toskana dem Essen mehr Platz einräumen. Dann haben Sie etwas von der Wahrheit dieses Landes in sich aufgenommen.

Dörfer und Landstädte

Besuchen Sie die kleinen Dörfer und Landstädte zuerst. Wenn Sie die Toskana von Nord bis Süd durchfahren, von der Gegend um Lucca und Florenz über Siena und Arezzo bis Orbetello und Sorano, werden Sie durch zahllose befestigte Dörfer kommen, manchmal von Mauern umschlossen, mit Wachtürmen und großen Steintoren. Eine alte Pfarrkirche steht auf der *piazza*, die meist holprig und unregelmäßig wie das Land ist, das das Dorf umgibt. Ein paar *palazzi*, vielleicht eine Burg, manchmal ein Kloster. Ansonsten sehen Sie einfache, oft hoch gebaute, meist unverputzte Steinhäuser und kleine, enge Gassen, durch die sich die *cinquecenti* und die frisierten Motorräder hindurchlavieren, dicht vorbei am Weinlaub, das sich an den Mauern emporrankt, an den Töpfen mit blutroten Geranien und den Basilikumsträuchern mit den großen Blättern. Gärten gibt es hier kaum. Die meisten haben einen grünen Flecken oder ein kleines Feld vor den Toren des Städtchens.

Früher, noch vor dreißig Jahren, schleppten Esel die Waren in riesigen Körben heran. Wenn heute ein Reiter auf seinem Pferd durch die Gassen reitet, berühren seine Füße die Passanten, nicht anders als in einer der »Trecentonovellen« aus dem 14. Jahrhundert des Florentiners Franco Sachetti, nur daß es da ein eingebildeter Edelmann ist, der sich auf diese Weise vom Fußvolk die Schuhe putzen läßt.

Innerhalb des alten Ortskerns sind in Städten wie Massa Marittima oder Colle Val d' Elsa die Läden der Handwerksbetriebe immer noch zur Straßenseite hin offene Gewölbe. So war es früher auch mit den Geschäften: Das ganze Leben spielte sich vor den interessierten Augen der Dorfbewohner ab, immer in der Hoffnung, Sensationelles zu beobachten, und stets bereit, sich mit Begeisterung und Skepsis am Leben zu beteiligen.

Auch wenn der Metzger seinen Gänsen den Hals heute nicht mehr auf der Straße umdreht – er steht vor der Tür und redet mit dem Bäcker und dem Lebensmittelhändler, sieht den Kindern zu, die zwischen den Autos Verstecken spielen, oder den Halbwüchsigen, die sich vor der Bar räkeln: Etwas zu entdecken gibt es immer.

Supermärkte findet man nur wenige, dafür zahlreiche einfache kleine Läden, in denen sich die Waren bis unter die Decke türmen. Eine Welt für sich, in der jedes Ding, jede Person noch ihren bestimmten Platz haben. Die Dörfer und Städte sind harmonisch, gepflegt und friedlich. Dem Toskaner liegt nichts an einem sich ständig wandelnden, aufregenden Stadtbild. Er liebt das Gewohnte, sucht den Konsens und will sich zu Hause fühlen.

Das mag ein Grund dafür sein, warum sich in nahezu allen kleinen und großen Städten der Toskana die gleichen Namen für Straßen und Plätze finden. Viele davon stammen aus dem 19. Jahrhundert, aus dem *risorgimento*.

Unter all den Kämpfern in den drei Unabhängigkeitskriegen war Giuseppe Mazzini der radikalste; 1831 gründete er das »Junge Italien«, um die ausländischen Mächte zu vertreiben. Obwohl seine Aufstände allesamt scheiterten, weil die Bevölkerung ihn nicht ausreichend unterstützte, sind die Städte und Dörfer der Toskana häufig mit einer Piazza Mazzini versehen. Da steht Mazzini dann, allgegenwärtig, mit stolzer Miene im bärtigen Gesicht.

Weit verbreitet, geradezu vertraut, ist die Piazza Garibaldi. Für die Toskaner gehört es selbstverständlich zum Alltag, über die nach Giuseppe Garibaldi, Freiheitsheld und Anhänger Mazzinis, benannten Plätze zu spazieren oder in der Via Garibaldi zu flanieren, kurz, inmitten all dieser alten, wahr gewordenen Freiheitsträume zu leben.

»Fare un 48«, einen 48er machen: So bezeichnen die Italiener noch heute ein gutes Durcheinander, seitdem das Revolutionsjahr 1848 Italien in ein einziges Chaos gestürzt hatte. Garibaldi kämpfte zunächst in der Lombardei gegen die Österreicher und später in Rom auf Seiten der Revolutionäre. Er unterstützte den Grafen Benso Cavour – auch eine Via Cavour findet sich in beinahe jedem Nest – mit einem Freiwilligenheer, dem legendären »Zug der Tausend«, gegen Sizilien, das er eroberte.

An den Markttagen stolzieren die Bauern, den Hut im Nacken, den längst erloschenen Zigarettenstummel im Mundwinkel, aufrecht über die Piazza Garibaldi und diskutieren mit wilden Gesten über Kauf und Verkauf, Geld, Frauen und Vieh. Von seinem hohen Sockel mächtig über der Menge thronend, schaut Garibaldi herab – und es ist, als bedenke er jemanden wie Berlusconi, der zu seiner Zeit bestenfalls auf dem Kutschbock gesessen hätte, mit einem verächtlichen Blick.

Es war der 20. September 1870, als italienische Soldaten durch die Porta Pia im endlich von den französischen Truppen befreiten Rom ankamen, die Via XX. Settembre erinnert vielerorts daran. In unserem Dorf fragte ich einmal einen Bauern, was es mit der Via Oberdan auf sich habe. Der Mann steckte den Kopf in die Tür zur Bar und rief: »Wer etwas weiß über die Via Oberdan, heraus mit der Sprache! Wer eine Ahnung hat vom angeblich neuen Italien: er rede!« Die Folge war ein heftiger Disput über die enttäuschten Hoffnungen auf ein einheitliches Italien, das zu Beginn des 20. Jahrhunderts immer noch zerfallen war, da Trento, Trieste, Istrien und Friaul dem habsburgischen Reich angehörten. Der Volksheld und Aufständler Guglielmo Oberdan, 1882 von den Österreichern hingerichtet, sei, so Rudolfo, der Wirt der Bar, ein Märtyrer: »Das erste Opfer eines verhängnisvollen Nationalismus.«

Auch eine Via Vittorio Emanuele II. oder eine Piazza Vittorio Emanuele findet sich in der Toskana immer wieder. In Florenz mußte gar das gesamte Gebiet um den Mercato Vecchio, den Alten Markt, der Piazza Vittorio Emanuele weichen. Inzwischen wurde der Platz umgetauft in Piazza della Repubblica, der vielleicht häufigste Name für einen Platz in der Toskana.

Die Via oder Piazza XXIV Maggio, die Straße oder der Platz des 24. Mai 1915, bezeichnet den Tag des Kriegseintritts Italiens auf der Siegerseite. Eine Via Caporetto, benannt nach dem Ort des Zusammenbruchs, als 400000 Soldaten sich in Todesangst in die Ebenen Venetiens flüchteten und 11 000 den Tod fanden, 29 000 verwundet und fast 300 000 gefangengenommen wurden, werden Sie freilich nirgendwo finden. Dafür aber eine Via IV Novembre, benannt nach dem 4. November 1918, als Österreich kapitulierte.

Was die Zeit unter Mussolini und das Ende des Zweiten Weltkriegs betrifft, als sich die Italiener am eigenen Schopf aus dem Sumpf des Faschismus herauszogen, so sind uns die Denkmäler des 1924 ermordeten sozialistischen Abgeordneten Giacomo Matteotti, der den Faschismus angeklagt hatte, und des kommunistischen Oppositionellen Antonio

Gramsci, der an den Folgen seiner Haftbedingungen 1926 starb, geläufig. Die »Quarderni del Carcere«, die »Hefte aus dem Gefängnis« von Gramsci, dieser Symbolfigur des Antifaschismus, die nach dem Krieg publiziert wurden, sind in der Toskana den meisten bekannt. Der 25. April 1945, der Tag der Befreiung, wurde zum Feiertag, nach ihm sind die Plätze und Straßen des XXV Aprile benannt. Die amerikanischen Soldaten hingegen, die mein Freund und Nachbar Esimio sah, regen ihn heute noch zu Kabinettstückchen an. Dann bewegt er seine Kiefer, als hätte er Kaugummi im Mund, schreitet durch die Küche, die Kappe im Nacken, und wiegt sich beim Gehen in den mageren Hüften.

Ob es eines Tages eine Via Berlusconi geben wird, frage ich Esimio. Er wirft mir einen spöttischen Blick zu. Berlusconi, wer soll denn das sein?

Die nördliche Toskana

Manches, das in Florenz zu sehen ist, finden Sie, wenngleich in bescheideneren Proportionen, auch anderswo. Das merken Sie auf Ihrer Reise durch die Dörfer zwischen Florenz und Lucca, zwischen Pisa und La Spezia. Auch da gibt es großartige Kirchen, Märkte und Denkmäler zu entdecken, und die Villen in Artiminio und Collodi oder die Medici-Villen auf dem Land um Florenz können es an prachtvoller Architektur mit den Villen des Palladio rund um Venedig aufnehmen.

Haben Sie auf Ihrer Reise unterwegs übernachtet, so sind Sie frisch genug, sich im Mugello, einer herben, mit Weinbergen überzogenen Landschaft im Norden von Florenz, die zum Teil zum Nationalpark von Monte Fasterone gehört, das Dorf Vicchio, den Geburtsort Giottos und Fra'Angelicos, anzusehen. In der Nähe, um Cafaggiolo, jagte Lorenzo de' Medici von seiner Landvilla aus. Hier liegt auch der ehemalige Vorposten Scarperia, von dem aus sich die Florentiner Eindringlinge vom Leib hielten.

Wälder mit Eremitenklöstern entdecken Sie östlich von

Florenz: das prachtvolle Camaldoli oder auch Vallombrosa, der verwunschene Ort in einer fast jungfräulichen Toskana, in dem 1040 das gleichnamige Kloster als Einsiedelei gegründet wurde. Dichte Tannen-, Pinien- und Buchenwälder umgeben das Kloster in der Landschaft des Casentino, das mehr ein Werk der Heiligen als das eines Baumeisters zu sein scheint. Die kleine Zypresse bei La Verna, wo Franz von Assisi 1224 die Wundmale Christi empfangen haben soll, scheint von ihm selbst gepflanzt, ebenso das grüne Moos auf der rotbraunen Mauer und die Pergola aus Muskatellatrauben. Und womöglich hat Franz von Assisi, dessen Güte und Einfachheit ihm die Sprache der Tiere und das Wesen der Blumen, Gräser, Wellen und Steine erschloß, zu dem verirrten Wildschwein gesprochen, das uns über den Weg läuft?

Jede Region der Toskana hat etwas Unverwechselbares, und doch fügen sie sich zu einem einheitlichen und harmonischen Ganzen. Rauh der Norden mit dem Apennin und den Apuanischen Alpen und seinen alten, befestigten, meist auf Felsen gebauten Ortschaften. »Es gibt so viele kleine, tiefe Täler hier mit kleinen Flüssen, die ihren ganz eigenen Weg zu nehmen scheinen«, schrieb D. H. Lawrence über diese Gegend. Hier haben viele Milanesen oder Römer ihren Sommersitz, der Abwechslung, Kühle und Meeresnähe verspricht. Von keinem Ort der Toskana braucht man länger als eineinhalb Stunden ans Meer, meist weniger.

Wenn Sie nach der langen Fahrt Rückenschmerzen haben oder müde sind, fahren Sie nach Montecatini Terme und nehmen Sie in den Schwefelthermen und Brom-Jod-Quellen ein Bad! (Kommen Sie von La Spezia, bieten sich San Giugliano oder Uliveto Terme an.) Die gesamte Toskana ist von herrlichen Thermalquellen durchzogen. Vorbei sind die Zeiten, da die Toskaner das Wasser mieden. Heute sind sie ein Volk der Badenden – nicht zu verwechseln mit

Schwimmenden –, die gewissermaßen en passant in Unterwäsche vom Auto in die warme Therme springen. Dort sitzen sie dann, die Bauern der Toskana, mit ihren weißen Oberkörpern und dunkelbraunen Gesichtern und Armen, vom heißen Wasser umspült, mit ihren sienesischen Nasen und knotigen Händen, die Gestalten Masaccios, Michelangelos und Dantes vor den Ansichten des Monte Pisano und der Apuanischen Alpen, die ganz den Anschein machen, als habe sie Giotto gezeichnet. Und neben ihnen, in ihren starren Büstenhaltern, die weißhäutigen Bäuerinnen mit ihren volltönenden Stimmen, im Haar den Duft nach Schaf und Wiese. Ältere Frauen vom Land baden nicht selten im Unterrock und halten sich selbst im flachen Wasser an ihren Männern fest.

In der Nähe von Montecatini Terme lockt der Parco delle Terme, ein herrlich weiträumiges Gelände, von Blumen übersät. Zwischen den säulengeschmückten Kurgebäuden ist das monumentale, 1927 erbaute Tettuccio mit seinem großen Saal der Mittelpunkt des Kurlebens, in dem sich die eleganten Frauen und ihre Kurschatten ein Stelldichein geben. Mich würde es zudem ins »Excelsior« oder in die Terme Leopoldine ziehen, um ein Fango-Bad zu nehmen und mich dermatologischen und Trink-Kuren zu unterwerfen.

In Montecatini Terme, dem Ort, den die Menschen aufsuchen, um Ruhe zu finden, herrscht eine betont lebhafte Atmosphäre. Doch Sie werden feststellen, daß es stille Winkel gibt, von denen aus Sie die südliche Lebensweise beobachten können, bevor Sie sich, wenn Ihnen danach ist, ins Getümmel stürzen. Sie können auch ins nahegelegene Monsummano Terme ausweichen, einen Industrieort mit 150 Schuhfabriken. Dort ist es ruhiger und die Thermen der Grotta Giusti, Höhlen, in denen es immer heißer wird, je tiefer Sie eindringen, mit den Namen »Vestibül«, »Paradies« und »Fegefeuer«, sind herrliche Tropfsteinlandschaften. Dante, schriebe er heute, würde seine Hölle nicht voll Florentiner, sondern voll Touristen finden.

Nach einem Tag werden Sie bereits feststellen, daß Sie sich wie neu fühlen, Ihr Gesicht ist klarer, offener, heller. Nach gutem, langem Schlaf sind Sie bereit, weiterzufahren.

Lieblich und romantisch die Umgebung von Lucca und Pescia: Fahren Sie zu den herrlichen Villen und kleinen Kirchen. Nordöstlich von Lucca liegt die Villa Mansi bei Monsegrati, im Besitz der gleichnamigen Familie, ein luftiges Gebäude mit Statuen an der Balustrade und von Säulen getragenen Loggien. Ein paar Kilometer weiter westlich die Villa Torrigiani im Camigliano, die wie die Villa Mansi manieristische Elemente aufweist.

Zwölf Villen in Luccas Umgebung, darunter auch Mansi, bewohnte zwischen 1903 und 1944 der jüdische Schriftsteller Rudolf Borchardt. Mit erstaunlicher Unbekümmertheit pflegte er in dieser traumhaften Umgebung, die ihm zur Heimat wurde, nicht nur seine Deutschlandbegeisterung, die ihn veranlaßte, 1914 die Toskana für kurze Zeit zu verlassen, um sich zum Kriegseinsatz zu melden. Er wunderte sich auch nicht darüber, daß ihn, den armen Dichter, wohlgesonnene Eigentümer fast kostenlos in maroden Prachtpalästen wohnen ließen, und hat in seiner Vertrauensseligkeit weder den Untergang der toskanischen Gutsbesitzer noch den nationalen Rausch seiner neuen Heimat bemerkt. Er lustwandelte mit Breeches und Panamahut in herrlichen Parks, spielte mit seinen Söhnen im Nymphäum, saß mit steifen Manschetten am brusthohen Schreibtisch und schrieb zusammen mit Hugo von Hofmannsthal und Rudolf Alexander Schröder am Libretto der »Frau ohne Schatten«. Vor ihm hatte Puccini diese Villa bewohnt, in der »Tosca« entstand, und die Legende berichtet, daß Borchardt bei seinem Einzug dessen Geist mit Weihrauch vertrieb.

Noch 1932 schrieb Borchardt an Max Brod, er sei »überzeugt, daß im nationalsozialistischen Staat keinem Juden ein Haar gekrümmt wird«. Im April 1933 wurde Borchardt von Mussolini empfangen und überreichte dem Dante zitierenden Duce seine »Commedia« auf deutsch. In seinen Augen verkörperte Mussolini eine gelungene Synthese zwischen Geist und Macht, und er sah in der Toskana den einzigen »in Europa erhalten gebliebenen Rest der alten Freiheit des Individuums«. In »Anabasis«, seinen Erinnerungen, hat er darüber berichtet.

Doch das toskanische Idyll wurde allmählich ungemütlich, als die Amerikaner die Toskana erreichten. Nach etlichen Umzügen mußte die Familie schließlich die Toskana verlassen und wurde 1944 von der SS verhaftet. Sie konnten fliehen und versteckten sich in Trins in Tirol, wo Borchardt wenig später entkräftet starb. Aus dem naiven deutschen Patrioten war ein scharfsichtiger Mann geworden. »Unser moralischer Credit in der Welt ist vernichtet«, schrieb er bereits 1934. »Wir gelten nicht mehr als Kulturvolk.«

Ein uraltes winziges Bergdorf mit einer einzigen Straße ist Collodi, erbaut an einer etruskischen Stätte auf einer Felsspitze der Apuanischen Alpen. Sein Name stammt vermutlich von der berühmten römischen Via Claudia im südlichen Etrurien. Als Lucca im 10. und 11. Jahrhundert an Bedeutung gewann, nahmen die Adelsfamilien Collodi in Besitz. Die reichen Garzonis bauten sich auf dem Berg ein Ober- und ein Unterschloß mit einem hinter Mauern verborgenen, wunderschönen französischen Garten mit ansteigenden Terrassen, ausgestattet mit herrlichen Freitreppen und einem Sommerpavillon. Wasserspiele, ein offenes Theater, Türme, Loggetten, Belvederes, ein Labyrinth, Bäder für die Damen und ihre Kavaliere – jedes Element, jede Statue, jede Treppe, jeder Baum hat eine ästhetische Funktion, an der Jahrhunderte gewirkt haben. Ab dem 15. Jahrhundert, als man die Befestigung der Burg aufgab, wurde der verwunschene Wildgarten mit seinen Weinbergen, Rehen und Hasen nach und nach in einen Lustgarten umgestaltet. Man experimentierte mit exotischen Pflanzen, fing das Wasser der Pescia, eines Flusses, der vom Gebirge herunterkam, in Seen, an deren Ufer kleine Badehäuser errichtet wurden, baute Grotten und Kaskaden, bis der Burgherr Romano Garzoni all das erneut umgestalten ließ, ganz orientiert an der Vorstellung von einem idealen ideellen Ort. Im 18. Jahrhundert schließlich nahm sich ein findiger Dilettant und Alleskönner – Mathematiker, Festungsbauer, Zeichner, Artillerist, Dichter, Maler und Gartenarchitekt –, der Esoteriker Ottaviani Diodati aus Lucca, der viel von Mythologie und Emblematik verstand, die Anlage vor und ordnete das Konzept. Der nun entstandene Garten nahm alle Vorformen auf und machte sie zugleich überflüssig – ein paradiesischer Raum. Doch nicht ohne höllisches Gegenstück: das Labyrinth.

In den Küchenräumen von Collodi hat der Schriftsteller Carlo Lorenzini seine Kindheit und Jugend verbracht, und hier hat er das Holzscheit erfunden, »das weinte und lachte wie ein Kind«, woraus das hölzerne Bübchen Pinocchio entstand.

Carlo Lorenzini, 1826 in Florenz als Sohn eines Kochs geboren, spielte den Musterschüler unter seinen elf Geschwistern und verkörperte die Hoffnung der einfachen Familie. Doch die Schule mit ihren Verordnungen und Regeln sagte ihm immer weniger zu, weil sie ihn hinderte, seine witzig-absurden Ideen zu verwirklichen. Eine Qual bedeutete ihm das Gymnasium mit seinen Zwängen und den lateinischen Reden der Lehrer. Lorenzini studierte Philosophie und Rhetorik, wurde Bibliothekar, politischer Journalist und schließlich Kinderbuchautor.

Auch später blieb Collodi, die Heimatstadt seiner Mutter, der Ort seiner Sehnsucht. Hier, in der Küche, dem einzigen ihm zugänglichen Ort außer dem Garten, hat der Junge, der Legende zufolge, an Winterabenden vor dem prasselnden Kamin die ersten Geschichten seines »Pinocchio« ersonnen. Die Prunkräume der Herrschaft, die er wohl nie gesehen hat, interessierten ihn ohnedies kaum.

Zu dem mystischen Park, still und verlassen, ein Jahrhundert lang aufs Wunderschönste verkommen, hatte er eine besondere Affinität, als kehrte er an seinen Herkunftsort zurück, den er im Grunde nie verlassen hatte.

Collodi nannte er sich später, nach dem Garten seiner Kindheit, in dem die Pflanzen und Bäume ihre ganz bestimmten, kraftvollen Eigenschaften besessen hatten, die sie zu Wundern machten, angesiedelt zwischen realer und irrealer Welt, zwischen Leben und Traum. Collodi, diesem Prototyp eines Toskaners, ist es gelungen, aus einem Stück Holz ein Stück lebendiger Literatur zu machen, mit einer großen Liebe zum Detail ersonnen.

Collodi starb 1890, ohne vom späteren weltweiten Ruhm seines Kinderbuchs zu erfahren, das 1883 mit den Zeichnungen Enrico Mazzantis in Florenz erschienen war. Der Zürcher Diogenes Verlag hat das Buch 2003 mit den Zeichnungen Carlo Chiostris, des wohl besten Pinocchio-Zeichners, neu aufgelegt.

Wenn Sie Kinder haben oder sich selbst kindliche Eigenschaften bewahrt haben, sollten Sie den Parco di Pinocchio, der neben dem aristokratischen Park liegt, besuchen. Die liebenswürdigen Figuren des Romans verkörpern eine Gegenwelt zu den Fabelwesen, den Rokoko- und Barockfiguren mit ihren reichen Gewändern.

Eine kleine Extratour wert ist Giacomo Puccinis einfaches Elternhaus in Celle dei Puccini, aus dem man ein bescheidenes Museum gemacht hat. Puccini, der aus einer musikbegeisterten Familie stammte, wurde rasch berühmt und reich und führte ein luxuriöses Leben in mehreren Villen. In dem kleinen Museum können Sie Puccini hören, soviel Sie mögen und dabei seinem Leben vor dem Ruhm nachspüren.

Ich bilde mir ein, Schüsse aus seiner doppelläufigen Böllerkanone klängen durch, wenn ich Puccinis Musik höre, seit ich weiß, daß er damit von seinem Boot aus im See von Massaciuccoli die Vögel aufscheuchte, um Unmengen von ihnen abzuschießen. Zwei Meter lang war die Kanone, auf einem Dreifuß montiert, nur ein kleiner Teil seines riesigen Waffenarsenals. In seiner Villa sehen Sie die Trophäen: Es wimmelt von ausgestopften Vögeln, Hirschgeweihen und Photographien seiner Jagd.

Puccinis Villa in Chiatri ist einsturzgefährdet; Sie können sie nicht besuchen, doch wenigstens den herrlichen Ausblick auf Berge und Meer genießen. Da geht es auf Puccinis Landsitz in Torre del Lago kommerzieller zu – die Touristen stehen Schlange.

Viareggio ist ein beliebter Badeort der Toskana, die junge Stadt ist bekannt für ihre Karnevalsumzüge. Pietrasanta und seine Umgebung sind etwas für Sie, wenn Sie sich für moderne Kunst interessieren. Hier, in der Nähe der Marmorbrüche von Carrara und den Apuanischen Alpen, haben sich zahlreiche Bildhauer niedergelassen. So auch der Künstler Igor Mucoray, der die Kostüme für Puccini-Opern entwirft und dessen sieben Meter hohe Köpfe, riesige Skulpturen und Torsi nach klassischem Vorbild, mit den nach innen blickenden Augen, schon von weitem zu sehen sind.

Einen Besuch wert ist natürlich Lucca, die im Sumpf (das etruskische Wort *luk* heißt Sumpf) entstandene Stadt, die trotz des Tourismus ihren Charme bewahrt hat. Am Festungsring, der in der Toskana seinesgleichen sucht, wurde in dieser einstigen Hochburg der Textil- und Seidenindustrie über hundert Jahre lang gebaut. Spazieren Sie vom Dom San Martino, einem prachtvollen, mit Galerien, einer Vorhalle und Arkaden geschmückten romanisch-gotischen Bau, über die Piazza San Martino zur Piazza del Mercato, so können Sie die prachtvolle Kirche San Michele in Foro mit ihren Säulen und Kapitellen der Galerien nicht übersehen. Hier finden Sie auch das 1863 gefertigte Denkmal für einen Ihnen wohl kaum bekannten Mann, Francesco Burlamacchi. Es ehrt diesen Mann als »ersten Märtyrer der italienischen Einheit«. Burlamacchi, Sprößling einer vornehmen Kaufmannsfamilie, soll von hier aus einen Aufstand der toskanischen Städte gegen die ungeliebte Herrschaft der Medici geplant haben, der sich am Ende gar zu einem Aufstand gegen die Herrschaft des Papstes formieren sollte. Er plante einen weltlichen Großstaat mit der Hauptstadt Rom. Daß er damals sein Denkmal bekam, verdient Respekt.

Stellen Sie sich auf die anmutige, ovale Piazza del Mercato, ein ehemaliges Amphitheater. Zwischen den Portalen und *palazzi* werden Sie Puccinis Mimi im Duett mit Verdis Aida singen hören. Im Caffè di Simo sollten Sie Ihren Cappuccino trinken, in dem schönen Salon, in dem auch Puccini Stammgast war, mit Giuseppe Verdi fachsimpelte oder junge Komponisten traf. Die »Gioilleria Carli Pietro«, das älteste Geschäft der Stadt, ist in zweierlei Hinsicht ein Schmuckkästchen, bezaubernd wie die ganze Stadt.

»Die Frauen von Magliano«, im Original »Gli ultimi giorni di Magliano«, heißt der Roman aus dem Jahr 1959 des Psychiaters Mario Tobino, der vom anderen Lucca erzählt. Magliano ist die Irrenanstalt von Lucca, deren Direktor Tobino nach seinem Medizinstudium dreißig Jahre lang war. Ein polemisches, kraftvolles und qualvolles Buch über den normalen Wahnsinn jener, die Psychopharmaka verordnen, ein Buch über die Abschaffung des Wahnsinns durch Tabletten. Tobino bezieht eine andere Position als der venezianische Psychiater Franco Basaglia, der die Psychiatrie in Italien revolutionierte. Im Herbst 1978 verabschiedete das italienische Parlament ein neues Gesetz, das die Auflösung der psychiatrischen Heilanstalten vorsah. Eine trotz aller Zustimmung umstrittene Maßnahme, vor allem hinsichtlich Psychosen, Schizophrenien und Depressionen. Man öffnete die Irrenhäuser und versuchte, die Kranken wieder in die Gesellschaft zu integrieren. Tobino hingegen stellt sich die Frage, ob Psychopharmaka überhaupt die richtige Behandlung seien, ob man nicht vielmehr dem Kranken damit seine tragische Realität, seine Einmaligkeit und seine kreative Kraft raube. Man schnallt die Benebelten vor den Fernseher, mit bandagierter Faust, denn sonst, so der italienische Schriftsteller Guido Ceronetti in seinem Buch »Albergo Italia«, würden sie diesen entzweischlagen.

Heute, so beschreibt Tobino, herrscht in der psychiatrischen Anstalt die Anarchie. Ärzte, Patienten und Verwandte sind ratlos, oftmals verzweifelt. Die Suizidrate unter den Patienten ist erschreckend hoch. Tobinos Buch ist ein Werk von großer polemischer Kraft: Tobino, so Guido Ceronetti, »ist ein absolut ungewöhnlicher Stadtführer für Lucca«.

Zu Zeiten Michel de Montaignes, der seine Nierensteine in den Bädern der Toskana verzweifelt loszuwerden versuchte, waren die Bagni di Lucca, die Bäder von Lucca, noch kein mondäner Badeort. Man ging vor Sonnenaufgang zur heißen Quelle und trank »dreieinhalb Pfund« von dem lauen und ein wenig süßlichen Wasser. Das eigentliche Bad war eine dürftig beleuchtete Behelfsdusche. Heute stehen dort prächtige Badehäuser, in denen sich *grandezza* mit dem liebenswürdigen Flair eines toskanischen Städtchens mischt. Zwischen einem gotischen Wasserturm, einer Hängebrücke, dem neoklassischen Badehaus Demidoff, einem um 1840 errichteten Casino, in dem die erste Roulettekugel der Geschichte ihren Weg suchte, dem *tempietto*, einem Tempelchen, und stattlichen Wohnhäusern entfaltet sich ein Leben, das sowohl kleinstädtische, fast bäuerliche, als auch weltoffene Züge trägt. Der romantische Ort am Ufer des Wildbachs Lima inmitten dichter Wälder bietet sich als ideale Ausgangsstation für die Erkundung der nördlichen Toskana an.

Suchen Sie sich also ein Quartier für die nächsten Tage. Oder fahren Sie zu der kleinen befestigten Stadt Barga nordwestlich von Lucca in der Region Garfagnana. Von dort haben Sie einen herrlichen Blick auf die Berge, und es gibt zahlreiche beschauliche Spazierwege. In Barga ist der romanische Dom San Cristoforo mit seinen Fresken, seiner Kanzel auf rötlichen Marmorsäulen und den Terrakotta-Werken aus der Familie della Robbia sehenswert. Im Palazzo Pretorio können Sie sich über die Frühgeschichte des Ortes informieren. Sobald Sie das Teatro dei Differenti aus dem Rokoko betreten, umgibt Sie ein trockener, staubiger Geruch vom dunkelroten Samt der Vorhänge und der Bestuhlung.

Von Barga aus können Sie Lucca, Pisa und Florenz gleichermaßen bequem erreichen. Was heute den Touristen gefällt, war übrigens auch besagten Städten sehr bewußt, weshalb sie im Mittelalter versuchten, Barga unter ihre Kontrolle zu bringen.

Wenn Sie von Empoli herkommen, sehen Sie kurz vor Pisa einen Betonbunker an der rechten Straßenseite. In diesem Gefängnisbau Don Bosco sitzt Adriano Sofri ein, ein des Polizistenmordes verdächtigter Intellektueller, von Freund und Feind als Opfer eines skandalösen Justizirrtums angesehen.

Man beschuldigte ihn, 1972 am Mord des Mailänder Polizeipräfekten Luigi Calabresi, der auf offener Straße erschossen wurde, beteiligt gewesen zu sein. 16 Jahre später hat ein dubioser Kronzeuge ihn als Mittäter benannt. Zwischen 1988 und 1997 wurden zahlreiche Urteile gefällt und Revisionen beantragt. Sofri hat es dem Staat bis heute schwergemacht: Im Gegensatz zu seinen angeblichen Mittätern nutzte er keine Gelegenheit zur Flucht. Vielmehr hat er der Witwe Calabresi seine politische Mitschuld gestanden. Den Mord habe er jedoch nicht direkt zu verantworten. Deswegen wolle er keine bloße Freisetzung, sondern eine volle Rehabilitation.

Sofri, der wegen seines humanitären Engagements bekannt wurde, gehört zu den Gründungsmitgliedern der Gruppe *Lotta Continua*, was ständiger Kampf bedeutet, hat aber, wie er beteuert, die Tat weder ausgeführt noch in Auftrag gegeben.

Pisa – in Deutschland hat man in jüngster Zeit keinen anderen italienischen Städtenamen so oft gehört. Doch mit der toskanischen Stadt hat das nichts zu tun, sondern mit der sogenannten PISA-Studie, wobei Pisa für »Programme for International Student Assessment« steht. Der italienische Botschafter in Deutschland, Silvio Fagiolo, hat es nicht ohne Bedauern registriert, daß die Stadt Pisa, »das große kulturhistorische Denkmal, hinter einer Studie verschwindet, in der es um Basiskompetenzen von Schülerinnen und Schülern geht«. Dabei sei für die Italiener völlig klar: Pisa, das ist diese wunderbare Stadt mit der *torre di Pisa*, dem schiefen Turm, eines der großen, nationalen Symbole: »Er steht für so vieles«, sagt Fagioli, »was für unser ganzes Land gilt: scheinbar schwankend, fast ein Wunder, daß er nicht schon gefallen ist, wunderschön, trotzdem zerbrechlich, anfechtbar. »Aber«, stellt er andererseits fest, »die Geschichte des schiefen Turmes ist ja ein Beispiel dafür, daß Dinge, auch wenn sie instabil aussehen, durchaus von Dauer sein können.«

In dieser ehemaligen Hafenstadt mit der Piazza dei Miracoli, dem Platz der Wunder, dem byzantinisch anmutenden Dom und dem eigenwilligen Baptisterium, das nach oben hin wie ein Kegel spitz zuläuft, lebt der 1943 geborene Schriftsteller Antonio Tabucchi.

Als ich wegen eines Streiks des Zugpersonals in Pisa landete, übernachtete ich in einem preiswerten kleinen Hotel am Arno, in der Nähe der Kirche Santa Maria della Spina, die aussieht, als hätte ein Hochwasser sie auf die Uferpromenade gespült. Am Morgen spazierte ich durch die auf Sand erbaute, noch menschenleere Stadt, am »Hafen der Wunder« vorbei, wo sechzehn ausgegrabene, römische Barken auf nassem Sand liegen. Eine Stadt der Wunder in der Tat bei diesem Meereslicht, deren imposanter Platz mit dem schiefen Turm außerhalb der Stadtmauer liegt, befremdlich, wenn man nicht weiß, wie zukunftsorientiert die Pisaner 1063 nach der siegreichen Schlacht bei Palermo ihre Stadtplanung betrieben. Sie waren davon überzeugt, daß sich die Stadt immer weiter vergrößern würde, und planten das neue Zentrum außerhalb des alten Kerns. Es sollte sich als Fehlplanung entpuppen, denn die Blütezeit Pisas überdauerte das Ende des 13. Jahrhunderts nicht: Pisa unterlag gegen den Rivalen Genua.

Es ist ein märchenhafter Morgen, und ich bereue es nicht, wieder einmal zu früh aufgewacht zu sein. Dieses geheimnisvolle Licht, dieser Geruch nach Tang und diese Perle, der Platz der Wunder, der weißleuchtende Stein, der helle Sand zu meinen Füßen, daneben der Fetzen einer verblichenen Trikolore. Nicht nur der schiefe Turm, nicht nur Pisa, auch die Geschichte, die ganze Welt sind auf Sand gebaut.

Der Mann verschwand fast hinter einem Stuhl, der neben dem verlassenen Kiosk stand. Ein schmaler Körper, ein kleiner Kopf, schütteres Haar. Wie aus dem Nichts war er plötzlich vor mir aufgetaucht, daß ich erschrak.

Der kleine Mann ging rasch, und ich folgte ihm, neugierig geworden: Ich war mit einem Mal davon überzeugt, daß es Tabucchi war, der Schriftsteller, den ich verehre. Ein unauffälliger Mann, unauffällig wie die Menschen in seinen Geschichten, denen die Zeit wie Sand durch die Finger rinnt und die unablässig die Frage nach dem Sinn des Lebens umtreibt.

So gingen wir im Eilschritt durch die gleißende Stadt, quer über den Rasen vor der Piazza del Duomo, die sonst voll von Reisebussen steht, durch das Viertel um die Universität, an der der Astronom Galileo Galilei gelehrt und der Schriftsteller Giosuè Carducci, Verfasser von geradezu biederen, hymnischen und vaterlandsliebenden Gedichten, studiert hat.

Je länger wir gingen, desto gleichgültiger wurde, ob dieser unscheinbare, kleine Mann tatsächlich Tabucchi war. Ich dachte an Pessoa, der in seinem Buch »Die letzten Tage des Fernando Pessoa« immer wieder neue Gestalt annimmt, an »Erklärt Pereira«, in dem der Protagonist Pereira, erst eine ferne Figur, immer näher kommt, immer menschlicher wird und schließlich, wie viele Figuren Tabucchis, plötzlich aus sich herausgeht und persönliches Engagement zeigt.

Viel, dachte ich, verdankt Tabucchi dieser Stadt, ihrem besonderen Licht und dem Fenster zum Meer. Dorthin gingen wir jetzt, ich sah auf seinen Rücken, neben ihm das Wasser. Hatte er mich bemerkt, lächelte er über mich? Ich wußte es nicht. Ich dachte daran, was Tabucchi einmal gesagt hatte: Daß er mit zunehmendem Alter immer mehr dazu neige, allein zu lachen – »und dies erscheint mir ein Fortschritt in Richtung einer gemesseneren und in gewissem Sinn selbstgenügsamen Komik«.

Immer noch von mir abgewandt, drehte sich die Gestalt nach rechts und ging am Strand entlang, ließ sich von einem kräftigen toskanischen Wind durchschütteln. Ein Wind, der ihre leichte Jacke am Rücken aufblähte, als fülle er sie mit Luft. Ein Wind, mit dem sie gleich abheben könnte, befürchtete ich. Doch die schmächtige Gestalt Tabucchis vertraute sich dem Wind ganz an und ließ sich gleichsam vorwärtswehen. Sie flog mit ihm leichtfüßig über den Sand.

Als ich Jahre zuvor mittags vor dem Dom von Pisa auf den Treppen saß und die Sonne genoß, machte ich die Bekanntschaft eines Literaturstudenten, der mir von Pieve di Santa Stefano erzählte, der »Stadt des Tagebuchs«. Ich wollte diese Stadt unbedingt kennenlernen. Auf dem Hinweg machte ich Halt in Sansepolcro, einem bezaubernden Städtchen an der Grenze zu Umbrien mit angenehmen Proportionen, herrlichen *palazzi*, alten Werkstätten und guten Trattorien – für einen Aufenthalt zu empfehlen. Es ist der Geburtsort von Piero della Francesca. Der kostbarste Schatz ist seine Auferstehung, mit dem seltsam schönen Christus. Ein weiches Gesicht mit wundem, ein wenig spöttischem Lächeln.

»Pieve di Santo Stefano – Città del Diario«, das Ortsschild. Die Piazza war mit Stuhlreihen verstellt, denn hier fand das »Fest des Tagebuchs« statt, hier wurde der »Premio Diario« der Tagebuchpreis verliehen.

Pieve di Santo Stefano ist ein Städtchen, das die Deutschen im Krieg zerstört hatten und dem Saverio Tutini, der Leiter des Tagebucharchivs, seine Geschichte wiedergeben wollte. Tutini, der den Zweiten Weltkrieg mitmachen mußte, war schon immer ein passionierter Tagebuch- und Memoirenleser. Nach Kriegsende besann er sich auf seine Leidenschaft. Vom Bürgermeister unterstützt, sammelte er schriftliche Zeugnisse von Menschen aus der Umgebung, von Bauern ebenso wie von Tagelöhnern, von Minenarbeitern, Wirten und Hausfrauen, von Behinderten, Partisanen und Soldaten. So baute er ein riesiges Tagebucharchiv auf, das seinesgleichen sucht. Geschichte für den Mann auf der Straße. Als ich Tutini bei einem Espresso befragte, erklärte der weißhaarige, achtzigjährige Mann: »Ich betrachte meine Arbeit auch als einen Kampf gegen den Verlust der Rede und der schriftlichen Kultur. Das Tagebuch löst die Menschen aus ihrer Geschichtslosigkeit und bindet sie in ihre Umgebung ein.«

Er führte mich stolz durch sein Archiv, das in einem Gewölbe im alten Gebäude der Stadtverwaltung untergebracht ist. Als erstes zeigte er mir die riesige Glasvitrine, in der das Prunkstück der Sammlung ausgestellt ist: Ein Leintuch in der Größe eines Doppelbetts, auf dem die Landarbeiterin Clelia Marchi nach dem Tod ihres Mannes ihre Lebensgeschichte festgehalten hat. Sie beschreibt ihre Gemeinsamkeiten und beschwört das verronnene Leben, um zu entdecken, daß es vor allem arbeitsreich, aber auch heiter und vielfältig gewesen ist.

Erst schrieb sie auf Papier, doch dann, als sie keines mehr hatte und nichts anderes zur Hand war – womöglich aus einem stilsicheren bäuerlichen Empfinden heraus –, nahm sie das Laken, spannte es fest aufs Bett und beschrieb es mit einem Filzstift. Zwei Jahre lang arbeitete sie an ihrem Werk, das nicht nur ihre eigene Geschichte, sondern die ihres Landstrichs erzählt, in ihrem Dialekt, manchmal sogar in Lautschrift gehalten.

Riesige Folianten füllen die Regale, ein Vorübereilen fremder Schicksale und ein Akt des Widerstands gegen das Vergessen. Bücher, die nie ein Lektor in der Hand hatte. Hefte ohne Rand, die Seiten vollgeschrieben, von Hand. Aufzeichnungen, die sonst die Erben weggeworfen hätten oder die auf dem Dachboden verrottet wären.

Hier finden sie ihre Leser. Eine Volkskundestudentin kam, um etwas über die Bräuche dieser Gegend zu erfahren. Ein Lehrer, der Kriegsberichte suchte, um sie seinen Schülern vorzutragen. Aber auch viele Interessierte aus dem Dorf und aus der Umgebung.

Am Nachmittag finden die Lesungen aus den Tagebüchern auf dem Marktplatz statt, wie jedes Jahr Mitte September. Obwohl viel Privates vorgelesen wurde, hatte es nichts Unangenehmes. Die freimütige Leichtigkeit und Volkstümlichkeit der Veranstaltung faszinierte mich. Auf dem Podium saßen Tutini, der Bürgermeister und die Florentiner Journalistin Dacia Maraini, die den Preisträger bestimmten. Das Publikum lauschte, lernte, diskutierte, erinnerte sich. Der Preisträger war längst verstorben, ein Partisan; seine Aufzeichnungen hat sein Enkel in einer alten Truhe gefunden, also erhielt der Enkel den Preis. Mit begeistertem Applaus wurde eine alte Frau bedacht, über die der Preisgekrönte geschrieben hatte: Sie hatte ihn, den wildfremden Burschen, bei sich aufgenommen und seine Wunden gepflegt.

Der Tag endete mit einem prächtigen Fest, an dem die Menschen aus den umherliegenden Dörfern teilnahmen. Gläserklirren, Kindergeschrei, Lachen, Musik, das Podium verwandelte sich in eine Tafel mit Körben voller Brot, Platten mit Käse und Früchten und Wein, auf dem Steinboden tanzten unzählige Füße: Schöne Mädchen mit sonnengebräuntem Ausschnitt, mit dem Großvater im Arm, die *nonna* mit dem Enkelkind, die Schwestern und Freundinnen miteinander, junge Männer mit bunten Hemden und Tüchern umarmten ihre Bräute. Mir gefielen besonders die tanzenden Kinder: ein kleines Mädchen im gestärkten, rosa Organzakleid, eine Schleife im Haar, die allein tanzte, mit den Bewegungen einer Erwachsenen, mit rotlackierten Fingernägeln, Perlen an den Ohren und hochgestecktem Haar. Ein Junge im schwarzen Anzug mit roter Krawatte, der seine kleine Braut führte. Die Kleinen, mit noch runden Bäuchen, die wild mit den Beinen stampften. Ein Kleines mit Windelpopo, das mitmachen wollte, aber lachend immer wieder auf den Hintern plumpste. Über allem war die gegenseitige Achtung und das nachsichtige Verständnis für die so verschiedenen Menschen.

Am nächsten Tag verließ ich diesen Ort mit seiner *banca della memoria*, mit seiner Bank des Gedächtnisses, wie Tutini sie genannt hatte, an dem populäre Schriftkultur gepflegt und aufbewahrt wird. Den Ort, an dem auch sprachlich Unausgedrücktes und Fragmentarisches seinen Platz hat, um unser Bewußtsein für Menschen und Themen zu schärfen, die uns sonst nicht zugänglich sind.

Boccaccios Garten

»Hierauf ließen sie sich einen von Mauern umgebenen Garten öffnen, der sich an den Palast anschloß, und traten ein, und sie fanden ihn gleich beim Eintritt von so wunderbarer Schönheit, daß sie mit größter Aufmerksamkeit an die Betrachtung der Einzelheiten gingen. Ringsherum und nach allen Richtungen im Innern liefen pfeilgerade, breite Wege, überlaubt von Weinreben, die für dieses Jahr eine reiche Traubenernte versprachen; und da sie damals in der Blüte standen, strömten sie zusammen mit den anderen Gewächsen, die im Garten dufteten, einen solchen Wohlgeruch aus, daß sich die Gesellschaft mitten unter alle Spezerei des Morgenlandes versetzt wähnte. Und diese Gänge waren, so wie oben durch das Rebendach, an den Seiten überall mit Hecken von weißen und roten Rosen und Jasmin gleichsam geschlossen ...« Boccaccios Eingangsworte zum dritten Tag seines »Decamerone«, in dem er zehn Tage schildert, die die Menschen auf der Flucht vor der Pest in Florenz in einem Schloßgarten verbringen, sprechen die Sprache des Glücks. Das Glück ist ein Garten, der Garten ist die Toskana.

Ich öffne das Fenster, und es ist Mai. Ich trete vor die Tür und gehe über die Wiesen. Von dort aus kann ich die Hügel und die Maremma überschauen, bis hin zum Meer. Rundum frisches Frühlingsgrün, ich atme den würzigen Duft der Blumen und Kräuter. Die Toskana ist ein Geschenk.

Mein Blick gleitet über die Hügel und Täler, die schattigen Hänge und die rotbraunen Felder mit ihren frischbezogenen Furchen, die leuchtend grünen Wiesen, bis zum Horizont, wo sich Himmel und Meer spiegeln. Wer hier spazierengeht, bemerkt rasch, daß es ständig auf- und abwärts geht, und daß man die Hügel nicht ohne weiteres überqueren kann. Dazwischen sind unwegsame, kleine Flußläufe, Macchia und Brombeerhecken. Die Toskana spielt mit Perspektiven. Kaum ist man auf einem Hügel angelangt, entdeckt man, daß man noch längst nicht mit dem Dorf auf gleicher Höhe ist.

Ich grüße die Eichen-, Kastanien- und Pinienwälder, die Alleen mit Pinien und Zypressen, die die Felder konturieren, sehe die Äcker mit der großen Eiche in der Mitte, in deren Schatten man ruhen kann.

In der Toskana scheint jeder ein Bauer zu sein, das gibt diesem Land sein spezielles Flair. Selbst in Florenz blicken die Menschen in die Wolken und graben in ihren Blumentöpfen, um Erde und Himmel zu mischen. Doch die wirklichen Bauern sind so gut wie verschwunden, wer da ackert und gräbt, das sind frühpensionierte Minenarbeiter, glücklich, wieder am Licht des Tages zu sein, Handwerker und Besitzer kleiner Läden. Es sind Ärzte und Beamte aus den Städten, die ihren alten Vätern helfen oder die ein Grundstück geerbt haben.

Es ist ein mühevoller Kampf gegen die harte, schwere, lehmige Erde und es verschafft jedem ein Hochgefühl, ihr eine Frucht oder ein paar Blumen abzuringen. Und womöglich heilt es auch von menschlichem Größenwahn und macht bescheiden. Aus dieser Bescheidenheit und dem Sinn für menschliches Maß ist diese Landschaft entstanden. Wundern Sie sich also nicht, wenn ich Ihnen sage, daß diese Schönheit nicht willkürlich ist. Sie ist gestaltet und gepflanzt. Man spürt in jeder gesetzten Zypresse, jedem Park, daß sich die Toskaner seit jeher viel mit Landvermessung und Kartographie beschäftigt haben. Auch Leonardo da Vinci war einst als Landvermesser für Cesare Borgia tätig.

Der Krieg hat der Landschaft zugesetzt. Die meisten Wälder wurden zum Heizen abgeholzt. Vor dreißig Jahren, als ich zum ersten Mal in die Gegend kam, waren die Berge und Hügel noch nicht aufgeforstet, sondern mit *macchia*, Busch- und Strauchwerk, übersät. Damals waren noch die wenigsten der Häuser verkauft und bewohnt, Ruinen standen an den Schotterstraßen, und vor den Häusern lagerten neben Autowracks ausrangierte Waschmaschinen und verrostete Eisenbetten.

Heute hat ein anderes ökologisches Denken eingesetzt, obwohl man immer noch Müllbeutel und allerlei Gerät findet, das jemand vom Auto aus an der kleinen Brücke ins Flüßchen geworfen hat. Inzwischen fährt selbst mein Nachbar Mario, einst unbelehrbarer Verschandeler der Umgebung, seinen Abfall murrend ins Dorf. Auch am Meer und an unserem kleinen See wird in der Hauptsaison regelmäßig der Müll entsorgt. Ab und zu verteilen Umweltschützer Appelle zum kultivierten Umgang mit der Natur.

Es ist der Kraft dieser Landschaft zu verdanken, daß sie die Umweltsünden bislang überstanden hat. Doch der Kreis der Neubauten, die sich von Grosseto über die Maremma bis zu den Hügeln hinziehen, wird immer dichter und enger. Immer mehr Dorfkerne verwaisen, die Handwerksbetriebe gehen ein, der *barbiere*, der Herrenfriseur, ist verschwunden, das Milchgeschäft gibt es längst nicht mehr, der

Supermarkt, in dem Sie die gleichen Waren wie in Deutschland erhalten, wirkt vernachlässigt. Vor wenigen Jahren prangten dort beim Fleischhauer noch Schilder wie: Heute verkaufen wir Rindfleisch von Wando – oder: Es gibt Lamm von Rolando. Wenn Sie geschickt sind, tun Sie sich auf einem kleinen Bauernhof private Quellen für Obst, Fleisch und Gemüse auf.

Immer mehr wird den Landbewohnern vom Staat verordnet, der die Einfahrten an den Straßen befestigt sehen will, asphaltiert und zementiert. Immer mehr Zäune begrenzen die Grundstücke, die früher bestenfalls durch Buschreihen voneinander getrennt waren. Aus den alten Steinhäuschen werden Kleineleutevillen mit gepflastertem Hof und Garagen. Und für die Genehmigung etlicher grauenhafter Reihenhäuser am Meer oder der in die Dörfer gequetschten Ferienkolonien hätte mancher korrupte Geometer eine Anzeige verdient.

Andererseits wird viel Land durch die Fremden kultiviert, nimmt der Baumbestand zu und bleiben etliche der schönsten Wiesen erhalten, weil sie nicht zu Nutzland umfunktioniert wurden.

Die Italiener sind geniale Straßenbauer, das wissen wir seit der Aurelia. Doch sie tun zuviel des Guten. Immer mehr Autostraßen und verschnörkelte Zufahrten entstehen, die die Täler mit ihren Eßkastanien oder den lichten, frisch duftenden Eukalyptusbäumen immer breiter durchteilen, während in zwanzig Metern Abstand die alte Landstraße mit ihrer Platanenallee verkommt. Immer mehr Salat-, Tomaten- und Bohnenbeete, mit Plastik überdacht, verschandeln die Landschaft. Immer mehr Industrieviertel entstehen entlang der Peripherie der Städte, für die es keine Ästhetik zu geben scheint.

Ein Dilemma. Das Bündnis zwischen Natur und Mensch ist brüchig geworden. Die Olivenbäume, deren Blätter sich im Wind wenden, so daß man die silbrige Unterseite sieht, werden mit aggressiven Giften besprüht. Die Schönheit der Rosenterrassen ist trügerisch: ohne Schädlingsbekämpfungsmittel wären die Rosen ständig verlaust. Die Feigenbäume befällt ein Pilz, der ihre Blätter weißlich färbt und vertrocknen läßt. Die schirmförmigen Pinien, charakteristisch für die Toskana, sterben an riesigen Raupennestern. Die edlen, schlanken Zypressen vertrocknen: Der Zypressenkrebs ist bisher nur wenig eingedämmt. Die Wiesen sind sauer und statt der Vielfalt der Blumen und Gräser über und über von Schierling und Unkraut bedeckt. Ganze Bienenvölker sterben. Die Folge wird eine schreckliche Verarmung der pflanzlichen Vielfalt sein.

Das Gelenkte in einer natürlichen Welt, in der alles seinen Lebensraum hat, ist gründlich durcheinandergebracht.

Vier Winde wehen in der Toskana, der Grecale, der aus dem Latium kommt, der Libeccio vom Meer her, der Scirocco von Elba und der Isola del Giglio, der Lilieninsel, und aus dem Norden bläst die Tramontana, der Wind, der von den Bergen kommt, frisch und kalt. Sie schleift die Pinien und die Zypressen, und alle Pflanzen wenden sich ab.

Noch ist die Landschaft stille Gegenwart. Die alte Kultur ist immer noch sichtbar. Es gibt noch zahlreiche Rebstöcke – obwohl auch hier statt Holz immer häufiger Betonstangen verwendet werden. Viele Straßenränder entlang der Weingärten sind noch von einem Rosenstock geschmückt. Es gibt sie noch, die alten Alleen, die bewachsenen Trockenmauern, die Olivenhaine und die steinernen Tore, die zu den Feldern führen. Noch gibt es wunderbare, gepflegte Gärten oder Naturgärten, in denen im Frühling zwischen immergrünen Büschen von Rosmarin, Thymian und Oregano Kissen wilder Veilchen, Krokusse, kleine Zyklamen und winzige, weiße Hyazinthen wachsen, im Frühsommer Rosen. Die Toskana ist das Königreich der Rosen. Sie duften und tragen stolze Farben – und sind so einfach zu pflanzen. Sie schneiden im Februar einen Trieb ab, stecken ihn in die Erde und warten ab. Einfach zu behandeln ist im trokkenen Sommer der robuste Oleander, der rosa, weiß, rot seine üppigen Blüten bildet. Aber auch auf den Wiesen finden Sie reichlich roten Mohn, Apennin-Anemonen, die Jungfer im Grünen, Harzklee, die Illyrische Eselsdistel, Wolfshaar, Eselsmilch, Venushaar und Spanischen Ginster. Aber auch Efeu, wilde Brombeeren in Hülle und Fülle – jeder Gartenbesitzer kann ein Lied davon singen. (Doch muß man deshalb den halben Garten zuzementieren?) Und Käfer! Stachel- und Schildwanzen, Erdböcke, Gottesanbeterinnen, Ägyptische Wanderheuschrecken, Grabwespen, Asseln, Gürtelskolopender, die zwicken. Natürlich Mücken – die Maremma war früher Malariagebiet –, Schlangen, Vipern, die giftig sind (es empfiehlt sich, eine Spritze mit Gegengift im Kühlschrank und eine Abbildung der Viper im Haus zu haben), Blindschleichen, Eidechsen, und die schwarzgelbe, ungefährliche Zornnatter.

Die Vögel der Toskana sind besonders klein, zierlich und frech. Der Gesang mancher Art kann mit einem resoluten Pfiff verwechselt werden. Im Frühjahr gibt es wahre Konzerte. Turteltauben gurren, der Kuckuck ruft, die ersten Nachtigallen singen. Auf der Spitze der Zeder sitzt eine Blauracke. Ein Steinrötel präsentiert seine Farbenpracht. Blaumeisen und Grasmücken musizieren um die Wette.

Meine Lieblinge sind die Eulen, ganz winzige sind darunter, etwa der Sperlingskauz. Sie sitzen nachts in der großen Eiche und rufen den Mond an. Einmal schrak ich nachts hoch: Ein Steinkauz schrie von der Fensterbrüstung, direkt neben meinem Bett. Turmfalken, Mauersegler, Fledermäuse, die haarscharf mein Ohr anpeilen. Igel, völlig verlaust, die nach dem Winterschlaf aus der *cantina*, dem Keller, wanken und eine Stunde lang unter heftigen Seufzern ein paar Löffel Milch lecken. Mäuse, winzigklein, Ameisen und Landratten. Rehe, Hirsche, Hasen und Wildschweine, denen Sie morgens begegnen, wenn es noch dämmrig ist. All das finden Sie hier.

Noch gibt es im geschrumpften Dorf so etwas wie Intimität, und die Alten, die in den Städten ihr Geld verdienen mußten, sitzen auf der Bank und schauen den Vorübergehenden nach. Noch höre ich ab und zu den Ruf eines fliegenden Händlers oder Rinaldos Stimme aus dem Mikrophon, wenn er aus seinem Fiat Reklame- oder Propagandaparolen lauthals über die Wiesen tönen läßt. Immer noch gibt es die Musicbox abends vom Dorf, Pfauenrufe und Eselsgeschrei, das heisere Keuchen der Füchse. Immer noch höre ich den Schrei der Marktfrau in Grosseto oder den Ruf des Eismanns am Meer: *gelato gelatoooo!* Immer noch Glühwürmchen und Nachtigallen. Etwas lebt, setzt sich fort.

Die mittlere Toskana

Der mittlere Teil der Toskana ist ein Land der Flüsse. Im Osten der Tiber, über dem eine weiße Wolke romwärts schwebt, in der Mitte liegt grün, wie das ihn umgebende fruchtbare Tal, der Arno, und im Süden fließt durch die Valdichiana lehmfarben die Chiana, im Westen bildet die Orcia eine natürliche Grenze. Hier, im Val d' Orcia, einer wilden und einsamen Landschaft, hat die Schriftstellerin und Historikerin Iris Origo auf dem Gut La Foce zusammen mit ihrem Mann die Kriegsjahre verbracht und genaue Aufzeichnungen über das Vordringen der Alliierten, den Widerstand der deutschen Besatzungsmacht und den Zusammenbruch der faschistischen Regierung gemacht.

Zwei Kriege haben die Deutschen mit den Italienern geführt, das sollten wir nicht verdrängen. 1916 hat Italien Deutschland den Krieg erklärt: »Zur Vollendung des Kampfes um die Einheit.« 1943 waren es die deutschen Führer, die den »deutschen Freiheitskampf« auch auf Italien ausweiteten. Hunderttausend »Helden«, besser: Opfer, haben diese Kriege in Italien gefordert. Allein auf dem großen Soldatenfriedhof an der Apenninstraße bei Marzabotto zwischen Florenz und Bologna liegen 30642 Tote begraben.

In ihrem »Toskanischen Tagebuch« erzählt Iris Origo, was ab dem 30. Januar 1943 in dieser von Villen, Obstgärten und Parks geprägten Region, in die bislang der Krieg nur als fernes Grollen gedrungen war, geschah. Das Gut La Foce, nicht weit von Montepulciano entfernt, war 1924, als sie es mit ihrem Mann bezog, eine wüste, graue Mondlandschaft aus zerfurchten Lehmbuckeln, den sogenannten *crete senesi*, wie Sie sie heute noch in der Gegend um Siena finden. Innerhalb von zwei Jahrzehnten haben es Iris Origo und ihr Mann in eine frische, grüne Oase verwandelt. Sie bauten eine Schule, ein Freizeitheim, ein Krankenhaus und einen kleinen Friedhof mit Kapelle für die sie umgebenden 27 Höfe, deren Zahl sie nahezu verdoppelten. Diese Arbeit hatte Iris Origo völlig beansprucht und vom politischen und sozialen Alltag in der Toskana entfernt. Erst der Kriegseintritt rüttelte die Origos auf, und als die Alliierten Italien bombardierten, begann sie, ein Tagebuch zu führen. Die Mitte der Toskana mit diesem abgelegenen Tal wurde zum Kriegsschauplatz.

Iris Origo berichtet nicht nur von den alltäglichen Problemen und Nöten, nicht nur von Angst und Verwirrung, Wut und Haß auf die eigene Regierung. Sie zeichnet nüchtern auf, wie sie den aus dem italienischen Heer vorübergehend entlassenen Soldaten, die sich in den nahen Wäldern und auf den Höfen versteckten, den Gefangenen, Flüchtlingen, Partisanen und Deserteuren Schutz gewährte, ohne sich um die drohenden Strafaktionen und Deportationen der faschistischen Miliz und der deutschen Gestapo zu scheren. Bewegend ist ihre Schilderung des dramatischen Fußmarschs von La Foce nach Montepulciano, um 23 Kinder, die das Ehepaar Origo aus den zerbombten Städten Genua und Turin aufgenommen hatte, zu retten.

Viele der von den Deutschen in Italien begangenen Verbrechen des Zweiten Weltkriegs sind noch ungeklärt. Erst vor kurzem fanden italienische Justizbeamte im römischen Palazzo Cesi, dem Sitz der Generalstaatsanwaltschaft der Militärjustiz, angeblich vergessene Akten, die 695 Untersuchungen über Fälle deutscher Kriegsverbrechen während der Besatzung enthalten. Giulio Andreotti hatte 1960, als er Verteidigungsminister war, die »vorläufige« Archivierung angeordnet; erst 1994 wurden die Fälle wieder aufgerollt. Möglichen Motiven für diese juristisch nicht zulässigen Unterlassungen geht der italienische Historiker Mimmo Franzinelli in seinem Buch »Le strage nascoste«, »Die versteckten Verbrechen«, nach.

Zerstörung, Krieg und Tod haben diese Region seit Urzeiten heimgesucht – die Etrusker kämpften gegen die Römer, die Barbaren fielen im 5. Jahrhundert ein, die Rivalitäten zwischen Siena und Florenz forderten Opfer und schließlich die deutschen und alliierten Truppen.

Städtchen wie Volterra sind heute noch von etruskischen und römischen Mauern befriedet.

Etwa zwanzig Kilometer nordöstlich von Volterra erhebt sich die von Touristen überlaufene, aber sehenswerte und von der UNESCO aufwendig restaurierte mittelalterliche Bergstadt San Gimignano mit ihrem guten Dutzend vollständig erhaltener Geschlechtertürme. Im Mittelalter boten sie den Menschen zu Kriegszeiten Schutz. Eine Stadt wie ein Haus, das seine Bewohner in seinen Mauern birgt und durch seine Türme befriedet. Der Festungsgürtel mit seinen Tor- und Wachtürmen, der die kleine Stadt Monteriggioni, einige Kilometer südöstlich von San Gimignano, umgibt, macht jeden neugierig, der die *autostrada* von Florenz nach Siena nimmt.

Der Palazzo Comunale an der Piazza della Repubblica in Cortona, von Siena gen Osten gelegen, ist sehenswert, mit seiner hohen und breiten Treppe, auf der die Jugendlichen ganze Sommernächte verbringen. Gegenüber, im Palazzo Pretorio, ist die Accademia Etrusca untergebracht mit ihrem etruskischen Museum, das bis heute immer wieder um seltene Fundstücke erweitert wurde. Im Diözesanmuseum können Sie die wunderbare Verkündigung von Fra Angelico, die Kreuzabnahme von Luca Signorelli und Werke von Pietro Lorenzetti betrachten.

Wenn Sie sich nach dem Besuch von Cortona von sommerlicher Hitze erholen möchten, so versuchen Sie es gar nicht erst am schlammigen Strand des Lago Trasimeno. Wenden Sie sich besser Richtung Südwesten, wo Montepulciano und Montalcino auf Hügeln liegen. Setzen Sie sich in eines der schönen alten Cafés und genießen Sie den kühlen Wind. Oder trinken Sie vor einer alten Weinhandlung einen Brunello. Vielleicht entwickeln Sie bald eine Passion für die herrlichen Rotweine dieser Gegend. Da ist die fruchtbare, rote Erde von Arezzo, das in einer muschelförmigen Ebene liegt. Sie bringt sonnengetränkte Weine hervor. Aus dieser Erde ist die Stadt gebaut, ihre Kirchen, Hausschwellen und Denkmäler. Aber auch die Gesichter der Zigeuner, die sich dort einfinden, um Geschäfte zu machen, die sonst in der Toskana kaum mehr zu finden sind.

Als wir das erste Mal nach Arezzo kamen, war die Stadt ein einziger Trödel- und Antiquitätenmarkt. Sie war mit alten Dingen nur so vollgestopft: alten Vasen, Leuchtern, Rokokostühlen, Tischen aus Kastanienholz, alten Ehebetten mit bemalten Kopfteilen oder Baldachinen aus mottenzerklüfteten Stoffschwaden, alten Kleidern an Seilen, quer über den Korso gespannt, marmornen Madonnen, bronzenen Buddhas, alten Schuhen für Tausende von Füßen, in allen Farben am Straßenrand aufgereiht. Haufen mit Unterwäsche, Pullovern, vergilbten Spitzen, alten Büstenhaltern in

Extragrößen. Dazu Gemälde, Toskanalandschaften, Michelangelo- und Tizian-Kopien, Drucke in Hülle und Fülle.

Der Trödel- und Antiquitätenmarkt in Arezzo, der jeden ersten Sonntag im Monat stattfindet, jedoch schon am Samstag beginnt, ist der größte und interessanteste seiner Art der ganzen Toskana und lockt viele Menschen an. Heute hat er sich am Stadthügel angesiedelt, von dort aus haben Sie einen herrlichen Ausblick auf Stadt und Land. Auch wenn man gar nichts kaufen möchte, macht das Zuschauen und Zuhören Spaß. Die Menschen von Arezzo sind schließlich Toskaner, und wie alle Toskaner tun sie die vulgären Dinge mit Anstand, und sie handeln und betrügen mit jener feinen Bildung des Herzens, die dabei förderlich ist. Sie werden sich wundern, wie kultiviert man andere übers Ohr hauen kann!

Doch um einen gründlichen Eindruck von Arezzo zu gewinnen, muß man sich die Stadt des großen Baumeisters und Malers Giorgio Vasari genauer ansehen. Im Stadtzentrum liegt die Kirche San Francesco mit den berühmten Fresken von Piero della Francesca. Nehmen Sie dann den Weg den Hügel aufwärts zur Pieve di Santa Maria Assunta und zur Piazza Grande. Wenn Sie die Fortezza noch nicht beim Bummeln über den Antiquitätenmarkt gesehen haben, lohnt sich ein Spaziergang dorthin. In der Kirche San Domenico mit ihrer originellen Fassade hängt das spätbyzantinische Kruzifix des Künstlers Giovanni Cimabue aus dem 13. Jahrhundert. Das Haus Vasaris aus dem 16. Jahrhundert ist ein faszinierendes Künstlerhaus, von Vasari selbst mit Fresken, Musenbildern und Gemälden ausgestattet.

Einer unserer Lieblingsausflüge geht über San Angelo in Colle, San Antimo und Pienza nach Bagno Vignoni. San Angelo in Colle ist ein bescheidenes, herrlich gelegenes Dorf auf der Spitze eines Hügels. Von dort haben Sie einen eindrucksvollen Rundblick über das Land. Nirgendwo sonst, behaupte ich, ist der Himmel so nahe wie hier, der toskanische Himmel mit seinen heiteren Wolken. Hier, über der Maremma, den bewaldeten Hügeln, den grünen Wiesen und roten Äckern, lassen sich ein paar wunderbar ruhige Tage verbringen.

Neben San Galgano ist San Antimo meine Lieblingskirche. Es war im Winter, als ich das Kloster zum ersten Mal sah.

Die Wintertage in der Toskana können still und kalt sein, rundum Nebel und Grau, von gleicher Farbe wie der Stein. Trüb war es, kein Baum, keine Wolke zu sehen, keine terrakottafarbene Erde. Der Nebel tauchte alles in ein weißes Licht, das einen merkwürdigen Abstand zu den Dingen erzeugt, Nebel zart wie Tuschespuren.

Die Sonne kam unerwartet. Erst wärmte sie den Campanile, dann die dunkle, hohe Zypresse, die durch einen von oben herabhängenden Busch optisch verlängert, wie ein zweiter Turm daneben wuchs. Sie erleuchtete das blaß terrakottafarbene Ziegeldach über dem Gotteshaus und glitt flüchtig über den goldgelben Travertin der dreischiffigen Emporenbasilika. Dann entschloß sie sich, all die Feinheiten dieses schlanken Gebäudes in ihrer Schönheit hervorzuheben und überschüttete es mit kraftvollem Licht, bis auch die Farben und die Schatten der Ölbäume rundum zum Vorschein kamen. Wie auf Verabredung begannen die Vögel zu singen. Es war so schön, daß ich beinahe erschrak. Ich dachte: Dies ist ein Ort, der meine Gedanken verändern kann.

Seitdem haben wir San Antimo beinahe jedes Jahr besucht, umkreisten den fast tausendjährigen Olivenbaum vor dem Portal mit seinem uralten Stamm, breit wie drei Schiffsmaste und reich verzweigt, der im Herbst von Oliven übersät ist. Der schönste unter den schönsten Olivenbäumen der Welt. Und weit mehr als ein Baum. Dann umrunden wir den Außenbau der vor 1118 begonnenen Kirche, an der man 150 Jahre später die Arbeiten einstellte, so daß sie unvollendet blieb, betrachten die zweileibige Löwin am Kapitell, die Chimäre am Glockenturm, bewundern die Geschlossenheit der Steinflächen, plastisch belebt durch Gesimse. »Sonne, Mond, Mensch, Tier und Sterne, alles mit eingebaut«, so drückte es einmal einer der Mönche treffend aus.

Als ich das erste Mal das Innere der Kirche betrat, blieb ich stehen und wußte, daß keine noch so gekonnte Beschreibung an die Wahrheit heranreichen würde. Wenn ich sage, daß alles hell, alabasterfarben und sandsteinfarben ist, weiß, von edler Sparsamkeit, Kraft und aufwärtsstrebender Leichtigkeit, so ist damit dennoch nichts gesagt. Dazu der chromatische Gesang in der Stille, der nach oben zu schweben schien: Die Mönche sangen wie jeden Morgen die Gregorianische Messe. Sechs hochgewachsene Gestalten mit markanten Gesichtern und schmalen Köpfen in ihren naturfarbenen, bodenlangen Leinenkutten, die Kapuze über einem kleinen, angeschnittenen Cape im Nacken. Sie wirkten wie Statuen.

Ein silberner Strahl floß von der Sonnenseite durch das Alabasterfenster. Da ist der Chorumgang mit dem Kapellenkranz. Der sparsame plastische Schmuck. Die große Bifore, die den Blick auf den Hauptaltar im Achsenkreuz lenkt. Umgeben von sechs Säulen der Altar in Form eines Sarkophags. Drei Stufen aus weißem Stein, die zu ihm führen. Das majestätische Holzkreuz mit dem Christus im archaischen toskanischen Stil. Große Kandelaber mit Wachskerzen, die die Stufen beleuchten. Zu beiden Seiten ein riesiger Strauß weißer Rosen mit Myrtenzweigen.

Fra Stefano, Doktor der Rechte, der in Rom einen Lehrstuhl innehat, weihte mich ein. San Antimo war ein Priester zu Zeiten des Kaisers Diokletian im dritten Jahrhundert, der

Christen vor der Verfolgung rettete und selbst mit einem Stein um den Hals in den Tiber geworfen wurde, jedoch mit dem Leben davonkam. Tatsache sei, sagte er, daß das Kloster bereits 814 bestand. Doch um die Mitte des 12. Jahrhunderts, die Kirche war beinahe fertiggestellt, erwiesen sich die Baukosten höher als veranschlagt, die Schenkungen blieben aus, das mächtige Siena beraubte das Kloster seiner Besitztümer. Der Papst vertraute die Abbazia di San Antimo einem bei Castiglione della Pescaia gegründeten Benediktinerorden an. Im 13. Jahrhundert bekehrte die Heilige Katharina von Siena die Bewohner der Umgebung des Klosters in solchen Scharen, daß sie oft bis zum Abend nüchtern bleiben mußten, wenn sie beichten wollten. Doch war der Aufschwung nur von kurzer Dauer. Pius II., der Piccolomini-Papst, hob die Abtei auf und übergab sie der neuen Diözese Montalcino und Pienza.

»Bereits damals war die wertvolle Bibliothek spurlos verschwunden«, sagt Fra Stefano, »man weiß bis heute nicht, wo sie gelandet und was aus ihr geworden ist.«

Mitten auf einer Wiese unterhalb von Pienza steht eine verlassene Kirche, die Pieve San Vito di Corsignano. Hier wurde im Jahr 1405 Papst Pius II. getauft. Kirche wie Güter und Felder rundum gehörten der Adelsfamilie Piccolomini aus Siena, die jedoch Ende des 14. Jahrhunderts bei einem Umsturz vertrieben wurde. Pius II., der als Kind der verarmten Familie Piccolomini in Corsignano barfuß über die Wiesen lief und die Schafe hütete, hat sich als oberster Hirte nie davon distanziert: »Ich weiß«, sagte er, »wie man gut ist zu einer Herde.«

Piccolomini war ein außergewöhnlich begabtes Kind und hatte das Glück, exzellente Lehrer zu haben, bevor er die Universität besuchte, den Beruf des Gelehrten und geschulten Schreibers wählte und Sekretär beim Kardinal wurde. Mit ihm kam er zur Zeit der großen Konzile nach Konstanz. Sooft ich daran denke, wer wohl ein typischer Toskaner ist, ob der Sprachschöpfer Dante, der Spötter Boccaccio, Galileo Galilei, Macchiavelli, Fra Angelico, die leidenschaftliche Katharina von Medici, Carlo Collodi oder die Rockröhre Gianna Nannini, fällt mir auch stets Enea Silvio Piccolomini, der spätere Papst Pius II., ein. Er muß einfach umwerfend *toscanissimo* gewesen sein, voll Güte, Freundlichkeit und Charme. Dazu von großer Natürlichkeit und Offenheit gepaart mit Schlitzohrigkeit.

Seine Briefe offenbaren nicht nur Geist, sondern auch eine hausgemachte Bildung, die aus dem kleinstädtischen und bäuerlichen Lebenskreis kam, wo man wußte, was Armut ist, wie man Gemüse zieht, das Mehl malt, ein Dach deckt, mit Pferden umgeht und Olivenbäume beschneidet. Er kannte den Stallgeruch, die Luft, die nach Heu und Zwiebeln schmeckt, und die Stille im kleinen Ort, der man sich getrost überlassen konnte. Vor allem aber wußte er, wie man mit den einfachen Leuten redet.

Nie sprach er mit Zorn oder Verachtung, aber er war entschlossen und durchsetzungsfähig. Ein *uomo universale*, der zum Freund und schließlich Kanzleisekretär Friedrichs III. wurde, an dessen Hof die Crème de la Crème des Adels und der hohen Politik verkehrte. Piccolomini schrieb Novellen und amüsante, nicht unerotische, bizarre Geschichten, ein witziges Lustspiel namens »Chrisis«, das zum Teil auch in einem Bordell spielt, und es heißt, daß er für den jungen Sigismund, den späteren Kaiser, als Zubrot auch Liebesbriefe verfaßt hat. Außerordentlich sind seine Reiseberichte, in denen er über Basel schreibt (übersetzt von einem Basler Humanisten): »Der Burgern Häuser in die Gemach wunderbarlich abgetheilet / seind also schön und wol gebutzt, daß es ihnen die Häuser zu Florenz nicht vorthuon.«

Er verehrte und schätzte die Frauen, und als ihm eine

junge, schöne Engländerin ein Kind gebar, es ihm überließ und wieder nach England zurückkehrte, war es an ihm, eine Lösung zu ersinnen: Der künftige Papst legte das uneheliche Kind kurzerhand seinem Vater in Corsignano ans Herz. Max Mell hat den listigen Brief, den Enea Silvio Piccolomini seinem Vater schrieb, übersetzt:

»Enea Silvio grüßt herzlich seinen Vater.

Lieber Vater, Du schreibst, Du wüßtest nicht, ob Du Dich nun freuen oder ärgern sollst, daß mir der Herr einen Nachkommen geschenkt hat. Ich für meinen Teil sehe darin einen Anlaß zur Freude, aber keinen zur Betrübnis. Was ist süßer auf Erden, als ein Ebenbild zu zeugen, gleichfalls sein Blut zu verbreiten und jemanden zu haben, den man auf der Welt zurückläßt, und was ist seliger auf Erden, als die Kinder seiner Kinder zu sehen? Mir ist es eine große Freude, daß mein Samen Frucht trug und daß bei meinem Tode doch etwas von mir übrig bleibt und ich sage Dank dem Herrn, daß er mir im Schoße des Weibes ein Söhnchen bildete und nun bei Dir und der Mutter ein kleiner Äneas spielen wird, mit seinen Großeltern, und ihnen allen die Freude gewährt, die ihnen sein Vater hätte machen müssen.«

Doch als sich der Vater nicht so entzückt zeigte, wie der Sohn es ihm weismachen wollte, wurde Piccolomini auf toskanische Art grob und schrieb: »Also bitte: nimm jetzt das Kind! Ich weiß doch, was Du zu Deiner Zeit für ein Gockel gewesen bist!«

Sooft ich in Pienza bin, muß ich an den kleinen Äneas denken, der in diesem Paradies dann doch herumgesprungen ist. In der Biblioteca Piccolomini am Dom von Siena hat später im Auftrag der Familie Piccolomini der Maler Pinturicchio das Leben des Papstes Piccolomini in sinnenfrohen Szenen dargestellt.

Ich weiß nicht, ob Piccolomini den weltlichen Reizen nachtrauerte, als er 1445 die geistliche Laufbahn wählte. Peinlich war ihm manches *irrevocabile verbum*, manch unwiderrufliches Wort, das er geschrieben hatte, doch. Er lebte fortan unter dem Motto: »Aeneam recite, Pium recipite! Verwerft den Enea von gestern und glaubt dem Pius von heute!« Er bewahrte sich trotz des hohen Amtes seinen Humanismus, seine lebendige Sprache und seine toskanischen Eigenarten.

Im Laufe von nur dreizehn Jahren wurde Piccolomini Bischof Sienas, holte seine Familie in Glanz und Gloria zurück und wurde zum Papst Pius II. Für die Papstkarriere hat Piccolomini Maßstäbe gesetzt: fortan war es nicht mehr tragbar, ungebildet zu sein. Was seine Religiosität betrifft, kann ich Curzio Malapartes Bonmot nicht vergessen, der über die Toskaner sagte: »Sie haben eine Art zu knien, die viel eher ein Stehen mit gebeugten Beinen ist: im Gegensatz zu allen übrigen Italienern, die auch wenn sie stehen zu knien scheinen.«

Mit Pius II. hielt die neue Geisteshaltung des Humanismus Einzug. Und doch fuhr Piccolomini-Pius fort, sein heiteres, toskanisches Leben zu leben, und seinen Heimatort hat er nie vergessen. Sein Geburtshaus in Corsignano gestaltete er zu einem Palast, und aus dem mageren, kalkgetünchten Corsignano sollte eine prächtige Bischofsstadt werden. Er nannte sie Pienza, die Stadt des Pius.

Ein Dom mußte her. In den Jahren vor 1445, während seiner weltlichen Laufbahn, war Piccolomini als Diplomat in Deutschland gewesen und hatte dort die neuen Hallenkirchen gesehen. Eine solche sollte es für Pienza sein, bei der das Licht von allen Seiten durch die Fenster drang. Der Baumeister Bernardo Rossellino hielt sich daran, und doch ist, trotz Einflüssen nordischer Gotik, ein Renaissancebau daraus geworden.

Der Bauhistoriker Jan Pieper betont die ungewöhnliche Position dieser Kirche, deren Chor nicht nach Osten, sondern nach Süden, zum Monte Amiata zeigt. Außerdem ist sie so angelegt, daß an den Tagen der Tag- und Nachtgleiche »der Schatten der Fassade auf die Neunfelderecke der Piazza fällt und diese gänzlich ausfüllt«. Ein Kalenderbau, eine kolossale Sonnenuhr, davor ein wunderschöner Brunnen.

Nach dem Vorbild des Palazzo Rucellai in Florenz, erbaut von seinem Lehrer Alberti, schuf Rossellino auch den Palazzo Piccolomini an der Ostseite des Doms, mit einer herrlichen Gartenfront an der Südseite und hängenden Gärten.

Doch wäre es falsch, in Pius allein den Bauherrn zu sehen. Er behielt seine kraftvollen Eigenschaften als Beobachter und Historiker seiner Zeit. Die Mystikerin Katharina von Siena sprach er bereits 81 Jahre nach ihrem Tod heilig, plante eine große, schriftliche Weltbeschreibung (inklusive Asiens), schrieb Kommentare zur Kirchengeschichte und ließ sich die Akte zur Hinrichtung der Jeanne d' Arc kommen, die dreißig Jahre zuvor verbrannt worden war, um sich sein eigenes Bild zu machen. Er bereitete – seine einzige militärische Aktion, über der er 1464 starb – den Kreuzzug gegen die Türken vor, um das christliche Abendland und die humanistische Kultur zu verteidigen.

Doch wenn er Zeit hatte, hielt er sich in seinem Palazzo in Pienza auf, der Stadt, in der heute noch sein Geist spürbar ist, und blickte zum Monte Amiata und auf das Orcia-Tal.

Durch das Orcia-Tal erreicht man den kleinen Ort Bagno Vignoni bei San Quirico d' Orcia.

Es ist das Dorf der Barfüßigen. Durch den Ort, an Bänken und Aussichtswarten vorbei, entlang der Villen, Ölbäume und Gärten laufen kleine Kanäle mit dem heißen Thermalwasser, in denen man nicht baden, aber in die man die Füße hineinhalten kann. Und so sitzen die Bewohner des Dorfes, die Kurgäste und die Besucher am Rand der Kanäle, bis ihre Füße rot anlaufen, und machen eine *chiacchierata*, halten ein Schwätzchen.

Sie werden dann einen Spaziergang durch den Badeort machen und das große, rechteckige Außenbecken der Therme, das in der Mitte der Häuser liegt, wiedererkennen: Sie haben es bereits 1982 in Andrej Tarkowskijs schönem Film »Nostalghia« bewundert. Eine kleine Halle an der Südseite mit luftigen Bögen spendet Schatten; vielleicht hat man dort auch Wäsche gewaschen.

Es ist ein wunderbarer Einfall aus dem Jahr 1262, wenn man schon so viel warmes Wasser hat, aus einem Marktplatz ein Schwimmbecken zu machen, das den Himmel spiegelt und der Geselligkeit wie der Gesundheit dient. Wenn ich die das Becken umgebenden schönen Häuser und Villen sehe, dann denke ich, was für ein wundervolles Schauspiel es gewesen sein muß, wenn die Menschen, nur einen Umhang umgeworfen, ihren Geschäften nachgingen, um ihre Hülle jederzeit abzuwerfen und ins Wasser einzutauchen. Ein luxuriöses Gefühl, das tägliche Einkaufsschwätzchen im nach der Heiligen Katharina benannten Becken zu halten, nach der Arbeit hineinzuspringen oder abends mit einem Glas Wein dort zu sitzen und sich gepfefferte Geschichten zu erzählen, eingehüllt in den inspirierenden Schwefelgeruch der heißen Quelle.

Heute wird das alte Becken mit Rücksicht auf die Anwohner nicht mehr genutzt. Wir halten uns schadlos am neu errichteten Becken der Kuranstalt und stürzen uns in die dampfenden Fluten.

Nach einer Ruhepause im Liegestuhl, mit Blick auf das weite Land, die Felder, die Weinberge, die Olivenbäume und den Himmel über dem Tal mit einer Farbe wie goldene Minze, ist es Zeit zum Abendessen im nahen, wunderschönen Restaurant »Leone«, ehe es nach Hause geht.

Siena, Stadt des Palio

Die toskanischen Städte und Dörfer tragen oftmals weibliche Namen – Sovana, Volterra, Massa Marittima. Sie gleichen steinernen Müttern, die den Menschen umfangen und ihn durch enge Straßen und luftige Arkaden ins Zentrum, auf die *piazza*, führen. Sie nehmen uns auf, und sie lassen uns frei.

Die kleinen Dramen, die täglich auf der *piazza* stattfinden, erinnern an die italienische Komödie: die *piazza*, ein Lockspiegel für männliche Verstiegenheit. Vor den gestrengen Augen der *mamma* entpuppt sich die männliche Unfähigkeit, sich einer bestehenden Ordnung zu fügen, deshalb die Ausflüchte und Schliche, die kleine Genugtuung heimlicher Verführungskünste und Ehebrüche. Wo immer er sich hinwendet, der italienische Junge, der Halbwüchsige, der Ehemann, er findet keinen Ort, der vor den mütterlichen Blicken Zuflucht bietet, selbst die Geschichte, dies hat Antonio Tabucchi in seinem poetischen Bilderbogen von der »Piazza d' Italia« beschrieben, wird auf der *piazza* gemacht. (Ganz im Gegensatz zu den Frauen, die

Geschichte heimlich machen, so Curzio Malaparte, im Bett.) Und auf dem jungfräulichen Platz, der konkaven, abschüssigen Piazza del Campo in Siena, bezeichnenderweise in Form einer Muschel gebaut, findet denn auch, wie es Fruttero & Lucentini in ihrem Roman »Das Palio der toten Reiter« beschreiben, alljährlich das sehnlichst erwartete Palio statt, der Konkurrenzkampf entfesselter Reiter vor den Augen der *mamma* und der Welt.

»Es ist wie das Abschnellen einer riesigen Feder«, schreiben Fruttero & Lucentini, »wie der Ausbruch eines Vulkans…

Valeria (mit größter Unbefangenheit): ›Wie ein Orgasmus.‹

Guidobaldo: ›Genau.‹

Anwalt (beiseite): ›Heiliger Himmel!‹

Guidobaldo: ›Wer das übersieht, begreift nichts vom Palio. Die Klimax kommt rasend wie eine Rakete, aber die Spannung hat sich das ganze Jahr über aufgebaut und gesteigert.‹

Valeria (in sachlich-intelligentem Ton): ›Also eine Erektion, die 365 Tage dauert.‹«

Jedesmal, wenn ich durch das letzte Tor hindurchfahre, und im Rahmen des Bogens den Ausschnitt der gotischen Stadt Siena mit ihrer unversehrten Kontur und den schlanken Türmen erblicke, freue ich mich. Das Auto bleibt vor den Toren der Altstadt, die man nicht befahren darf. Erst einmal einen Kaffee oder ein Eis auf der Piazza del Campo nehmen und staunen – ich kenne niemanden, bei dem dieser mittelalterliche Platz keinen großen Eindruck hinterlassen hat. Und ich frage mich, warum wir in Deutschland so wenig Sinn für zivilisierte Plätze entwickelt haben – soziale Plätze, für Menschen konzipiert.

Mitten im dichtbevölkerten Zentrum, tiefer als die sternenförmig auf die Muschel zulaufenden Straßen gelegen, ist die Piazza del Campo ein Platz, der sich anbietet, den man nicht erobern muß: Nicht umsonst hat man die Form eines antiken Theaters gewählt. Der Mittelpunkt und Schauplatz sienesischen Lebens, der den Blick nicht auf die ihn einrahmenden Gebäude, sondern auf seine Bürger lenkt.

Der Platz ist aus einem Guß, wie in einem einzigen Augenblick erbaut. Selbst der Palazzo Pubblico, ein Bau von großer Harmonie, gefertigt aus leuchtendem Travertin mit den Fenstern und Portalen in der für Siena charakteristischen Bogenform, überragt die anderen Häuser kaum und fügt sich in das Gesamtbild ein.

Eine sonnenbeschienene, kultivierte *piazza*, mediterran, mit blumengeschmückten Fenstern rundum, mit herrschaftlichen *palazzi*, die sie umgeben, rosa, toskanagelb, verwaschen himmelblau, terrakotta, innen reich an Treppen, Bögen, Höfen. Wie häufig in Touristenzentren, sind die einfachen Geschäfte verschwunden, doch Bäcker und *tabaccheria* sind noch da. Schöne Cafés, aber auch noch eine alte Bar, in der die Männer in Unterhemden Zeitung lesen, Karten spielen und diskutieren. Im Angebot ist ansonsten der übliche Tinnef, dazu Typisches aus Siena.

In Siena, der Hauptstadt der *gentilezza*, lebt ein Menschenschlag von großer Liebenswürdigkeit. Fragen Sie nach einer Straße, einer Sehenswürdigkeit: Sie werden sich wundern, mit welch eminenter Freundlichkeit man sich Ihnen zuwendet, Ihnen zulächelt und mit strahlendem Blick, hocherfreut, Bescheid zu wissen, Auskunft erteilt. Man wird Sie freundlich wissen lassen, daß Siena jünger ist als Florenz, daß es kein Etruskerzentrum war, und man wird Ihnen nennen, was Sie sich unbedingt ansehen müssen: die Maestà, eine byzantinische, thronende Madonna von Simone Martini im Palazzo Pubblico, und die »Auswirkung der guten Regierung auf dem Land« von Ambrogio Lorenzetti in der

Sala della Pace, den Marmorboden im Dom Santa Maria, auf dem Sie die Allegorie des »Bergs der Weisheit« finden werden, Piccolominis Bibliothek, den Palazzo Piccolomini und den Piccolomini-Altar sowie die Biblioteca Nazionale, außerdem natürlich die »Casa di Santa Caterina«, heute eine Gedenkstätte, in der einst die Heilige Katharina geboren wurde, und die Kapelle der Heiligen Katharina mit dem Haupt der Heiligen und bedeutenden Gemälden. All dies wird man in gepflegter, gebildeter Manier vorbringen, wird vielleicht Verbindungen schaffen zwischen den Predigten des San Bernardino, den Schriften Piccolominis und den Novellen des Franco Sacchetti. Man wird schließlich auf den Palio hinweisen. Und das in melodischem Italienisch, jedes Wort mit Sorgfalt, Lust und einer gewissen Zärtlichkeit gesprochen.

Der Palio ist eng verflochten mit der besonderen Sieneser Geschichte. Denn keine Stadt der Ebene hat ihr mittelalterliches Bild so unversehrt über die Jahrhunderte bewahren können wie Siena, einst immens reich, dann jedoch, als die Handelszüge die entsumpften Ebenen vorzogen, isoliert. Auch heute noch ist für die Stadt Siena die Beförderung der Waren mit größerem Aufwand verbunden: Die Gassen sind eng und die Hügel abschüssig. Zudem hat Siena bereits 1957 als einzige italienische Stadt den weitsichtigen Beschluß gefaßt, die in Jahrhunderten erschaffene, alte Innenstadt vor dem Autoverkehr zu bewahren. Das Wunder der prachtvoll einheitlichen Stadt ist nicht zuletzt das Ergebnis einer Überfülle von Bauvorschriften, die Verschandelungen des Stadtbildes unmöglich machten. Das neue Siena liegt außerhalb der Stadtmauern.

Siena, Stadt der kaisertreuen Ghibellinen, stand stets in Rivalität zu Florenz, ein Kampf, den Siena schließlich verlor, nicht zuletzt, weil Florenz Siena einen Markt nach dem anderen entriß. Der freundliche Sienese, der Ihnen gegenübersteht, wird es nicht versäumen, vom schmählichen Ende Sienas zu erzählen, als Kaiser Karl V. zum zweiten Mal angriff und Siena seine Selbständigkeit verlor. Ihr Gegenüber wird sich heute noch schämen, weil die belagerten Sienesen sich nicht scheuten, die Waisenkinder des Ospedale della Scala vor die Stadtmauern zu schicken, um weniger Esser zu haben. Die meisten der Kinder fanden den Tod. Er wird kopfschüttelnd lachen, weil der Befehlshaber der Sieneser Truppen, Blaise de Montluc, selbst Frauen bewaffnete, um Siena und Montalcino zu verteidigen, Frauen! Gerade die sanften Frauen von Siena, wird er sich empören, sehen Sie sich unsere Frauen doch an! Frauen voll Anmut, mit Giotto-Augen, geschwungenen Nasen, pflanzenhaften Körpern, wie Madonnen von Guido da Siena oder Duccio di Buoninsegna. Sie haben eine byzantinische Art, sich zu bewegen, zu gehen, den Kopf zu wenden, die etwas Aristokratisches hat – im Gegensatz zur Bodenständigkeit der typischen Toskanerin. Und doch, so erzählt unser Mann, haben sie wohlerzogen, quasi eine Entschuldigung auf den Lippen, mit zarten Händen männliche Kehlen durchschnitten.

Sie werden spüren, wie sehr dieser Mann heute noch von dieser Geschichte gefesselt und geprägt, aber auch mit ihr ausgesöhnt ist. Der Palio, wird er dann endlich auf sein Thema zurückkommen, ist etwas Besonderes, und es ist nicht das kurze Pferderennen auf der Piazza del Campo allein, das ihn ausmacht. Es ist das Fest der Sienesen. Das Fest der Contraden. Jedes Dorf, jede Stadt in der Toskana hat seine Contraden, seine Nachbargemeinschaften. Es sind Relikte mittelalterlicher Lebensverbände, die sich bis vor kurzem erhalten haben und erst allmählich, durch den Zuzug der Fremden, zu bröckeln beginnen. Wehr- und Unterstützungsgemeinschaften, denen die Menschen von der Wiege bis zum Grab angehörten, mit eigenen Schutzheiligen, eigenen Kirchen, eigenen Brunnen, in Siena auch einem kleinen Museum mit Urkunden, historischen Kostümen und Trophäen. Zehn Contraden sind jeweils zum Kampf zugelassen.

Wenn ich vor einer Palio nach Siena komme, fühle ich mich in eine mittelalterliche *comune* versetzt. Die *palazzi* sind mit Fahnen und Blumen geschmückt, aus den Fenstern hängen Fahnen. Die Pferde werden mit aufwendigem Drumherum verlost, Proberennen werden mit Enthusiasmus verfolgt, Wetten abgeschlossen. Am Abend vor dem Rennen gibt es in jeder Contrada ein Festessen, um zum Sieg anzuspornen. Und das Pferd wird Tag und Nacht bewacht: Die feindliche Contrada könnte es vergiften.

Es liegt etwas Wildes, Blutlüsternes in der Luft. Siena wirkt mit einem Mal dunkel und geheimnisvoll. Die Frauengesichter scheinen plötzlich grausame Züge zu tragen, mit zornumwölkter Stirn und umschatteten Augen. Diese sanften Geschöpfe bewegen sich heftiger, wirken trotz ihrer feinen Sitten furienhaft, die Haare sind zerzaust, ihre Lippen sind leicht geschwollen. Die Männer streichen lauernd, Erregung und Jagdfieber in den Augen, durch die Stadt, die Hand beschwörend am Geschlecht oder in der Hosentasche. Ausnahmezustand in Siena.

Der Schuster, der vor seiner Werkstatt auf einem Hocker sitzt, einen blanken Stein zwischen den Knien, steckt den Hammer, den er gerade noch über der Ledersohle hielt, in die Hosentasche. Die jungen Männer hantieren mit blitzenden Schäl- und Taschenmessern. Der *carabiniere* tastet alle paar Minuten nach seiner Waffe. Die Halbwüchsigen drehen die Musik laut auf. Die jungen Männer auf ihren Vespas stoßen wilde Schreie aus, die Jugendlichen auf der *piazza* knallen mit Peitschen. Ein blasser, ungeheuer schwarzhaariger junger Mann singt wütende Lieder, seine Reibeisenstimme erinnert an die provokante Rocksängerin Gianna

Nannini. Konzertpianistin wollte sie ursprünglich werden und verdiente sich ihr Studium – heute ist sie Dr. phil. der Musikwissenschaft und schrieb ihre Doktorarbeit über »Die Beziehung Körper-Stimme aus der Anthropologie der Musik« – mit dem Backen von *panforte*. Dabei geriet eines Tages ihre linke Hand in eine Schneidemaschine. Drei Fingerspitzen wurden ihr abgetrennt. Damit war eine Karriere als Pianistin zunichte gemacht. So wurde Gianna Nannini zu einer der erfolgreichsten Rocksängerinnen Europas. Sie singt herbe Lieder mit eigenwilligen, selbstgeschriebenen Texten.

Als ich das erste Mal den für vier Tage gewählten *capitano*, eine Art Befehlshaber der Contrade, hörte, war ich verblüfft, wie aggressiv dieser mit der Macht eines Diktators ausgestattete Redner die Konkurrenten bedrohte. Ohne jede Scheu verriet er unter Drohgebärden große Summen, die dem *fantino*, dem Reiter, als Prämie und Bestechungsgeld für seine Kumpanen winkten. Die *fantini* sind gedungene Kämpfer aus den Maremmen, aus Süditalien oder Sardinien.

Am Tag des Rennens schließlich wird das Pferd vom *barbaresco*, dem Reitknecht, dem Reiter übergeben und in der Kirche gesegnet. Die Konkurrenten in den kleinen Dörfern imitieren gerne die Sieneser Fahnenschwinger, dennoch bleiben die hochmütigen Sieneser mit ihren blassen, verächtlichen Gesichtern unerreicht, wenn sie ihre Fahnen hoch in den Himmel werfen und wieder auffangen.

Nach ausführlichen Reden und dem historischen Umzug in den alten Kostümen sind Zuschauer und Darsteller bereits ins Schwitzen geraten. Die meisten stehen schon seit Stunden, um ihren guten Platz zu halten, viele mit Kindern auf den Schultern.

Jetzt folgt der Höhepunkt des Palio (von dem lateinischen Wort *pallium*), der seinen Namen von der Siegertrophäe hat, einer Seidenfahne mit dem Bild von Maria und Jesus. Die Pferde, nervös vor Anspannung und Lärm, scharren mit den Hufen und schnauben. Oft wird der Start wiederholt. Von den Konkurrenten gefürchtet sind die erlaubten Behinderungen der kräftigen, wilden *fantini*, die oftmals zum Sturz führen; selbst Verletzungen mit dem Ochsenziemer sind an der Tagesordnung. Schließlich die gefährliche Curva di San Martino, an der mancher Reiter zu Boden geht. Doch trotz noch so viel Tumult und Getöse, eine Konstante gibt es: wer nach drei Umläufen als erster durchs Ziel geht, siegt und ist der Held des Tages, gemeinsam mit seinem Pferd. Es gibt nur einen Gewinner, eine Trophäe.

Alles endet in grenzenlosem Jubel, die siegreiche Contrada zieht immer wieder über die Piazza, um sich feiern zu lassen. Empfehlenswert für den erschöpften Zuschauer ist ein Abstecher in die »Osteria le logge« mit bemerkenswert guten toskanischen Spezialitäten.

Die südliche Toskana

Die südliche Toskana, die Sie, wenn Sie Zeit haben, am besten nicht per *autostrada*, sondern in einer gemächlichen Fahrt durch die abwechslungsreichen Dörfer und Kleinstädte erreichen, wo Sie einen Espresso zu sich nehmen und einen Blick auf Kirchen und *palazzi* werfen können, erstreckt sich von der fruchtbaren Ebene der Maremma, die bis zur Küste reicht, bis zum Monte Amiata, dem höchsten Berg dieser Gegend, und von der Halbinsel Monte Argentario bis nach Massa Marittima im Norden. Kommen Sie jedoch direkt aus Deutschland, empfiehlt es sich, die Autobahn Bologna–Florenz bei der Ausfahrt Certosa zu verlassen und die *autostrada* nach Siena/Grosseto zu nehmen.

Ein wenig abseits der großen Routen, entlang der Kurvenstrecke von Siena Richtung Massa Marittima, passieren wir die in Nebel eingehüllte alte Klosterruine der Abbazia di San Galgano. Ein magischer Ort mit seinen drei Schiffen, den spitzbogigen Fenstern und der Arkadenzone, dem nahen Oratorium auf dem Hügel von Montesiepi. Es ist eine Zisterzienserkirche, 1224 nach dem Vorbild der burgundischen Kirchen erbaut, doch seit dem Jahr 1550 dem Verfall preisgegeben; im 18. Jahrhundert stürzten das Gewölbe und der Glockenturm ein. Die Trümmer umschwebt der leichte Schwefelgeruch der nahen Farma. San Galgano ruft keine Heiterkeit wie etwa das weiche, warme San Antimo hervor, sondern verkörpert eine Religion der Strenge. Als ob sich zur Melancholie der Stagnation und des Verfalls auch die der unwiederbringlich verfließenden Zeit gesellte. Drohend richten sich die Mauern des Hauptschiffes gegen den Morgenhimmel auf. Eine seltene Stille, nur unterbrochen vom Gurren der Tauben, die sich weiß vom blauen Himmel abheben – er bildet das Dach. Denkwürdig ein Sommerkonzert im Juli oder August unter schwarzblauem, sternengesprenkeltem Himmel.

Eine halbe Stunde südlich von Siena liegt im tiefen Tal der Farma die Schwefelquelle von Petriolo, von römischen Festungsmauern umgeben. Wenn Sie sportlich sind, schaffen Sie es, den Steilhang hinabzuklettern und in einer der ausgeschwemmten Wannen im Stein ein die Glieder lockerndes Bad zu nehmen. Hier treffen Sie die unterschiedlichsten Leute, den Bauern mit seiner Frau von nebenan, die Grünen aus Heidelberg ebenso wie den Jaguarfahrer aus Rom. Pius II. machte hier seine Kuren, Lorenzo der Prächtige und seine Mutter Lucrezia Tornabuoni waren früher ebenso Stammgäste wie auch Giovanni de' Medici, der sich hier mit Poeten und Musikanten umgab. Im Sommer können Sie Wechselbäder nehmen zwischen dem kühlen Fluß und der heißen Wanne.

Die Ruinen mittelalterlicher Schlösser und Burgen beherrschen die Landschaft dieser Gegend, die zum Tyrrhenischen Meer hin wilder und unwegsamer wird, mit reichen Wäldern, tiefen Gräben und dichter Macchia. Die alte Landstraße von Siena in Richtung Massa Marittima bringt Sie etwa durch vulkanische, von Förderarbeiten des Bergwerks von Bocchegiano zerfressene, tiefviolette Felsen.

Steile Serpentinen führen hinauf zum einst wichtigsten Zentrum der Maremmen, der Stadt Massa Marittima. Meist überfüllt ist der Parkplatz vor den Toren der Stadt, die offenbar der südliche Lieblingsort der Deutschen ist und in deren Umgebung Sie herrliche Landhäuser, Reiterhöfe und Malschulen finden. Und was für ein Getümmel herrscht auf der Piazza Garibaldi vor dem spätromanischen Dom San Cerbone! Fast rosagold leuchtet im Abendlicht der helle Travertin. Auf den Stufen, wie immer bei warmem Wetter, sitzen die Jugendlichen der Stadt und der Umgebung. Bis in die Nacht werden sie dort verweilen und gelegentlich durch den Ort flanieren.

Der spätromanische Dom San Cerbone ist der größte Schatz der Maremma, ein Bauwerk großen Stils, dessen helle Leichtigkeit und verhaltene Farbenpracht – die Fassade ist mit weißem, rotem und grünem Marmor in den Farben Italiens verziert – an die Kirchen Pisas erinnert. Blendarkaden, auf denen zwei weitere Bogenreihen ruhen, verstärken den aufwärtsstrebenden Eindruck. Die wenigsten Betrachter entdecken, daß der Dom schräg zur *piazza* steht und die Arkaden rechts etwas schmaler angelegt sind.

Giroldo da Como hat 1270 das Kunststück vollbracht, aus einem einzigen Travertin-Block ein Taufbecken zu meißeln. Die Wände des Beckens zieren passenderweise Szenen aus dem Leben Johannes des Täufers. Hinter dem Hauptaltar, im Chor, können Sie vollendete sienesische Bildhauerkunst am Sarkophag des Heiligen Cerbonius bewundern, einem wundervollen Werk des Goro di Gregorio aus dem Jahr 1324. Der Künstler hat es verstanden, den Marmor so fein und detailfreudig zu modellieren, so rhythmisch leicht, bewegt und melodisch, daß man meinen möchte, es werde musiziert – und ganz beschwingt wieder ins Freie tritt.

Begeben Sie sich auf einen kleinen Rundgang um die Piazza Garibaldi, vom Dom zum Palazzo Comunale, der aus mehreren Turmhäusern besteht, und zum Palazzo del Podestà gegenüber; auch er ist aus leuchtendem Travertin. Darin befindet sich das Museo Archeologico mit etruskischen Ausgrabungen, darunter ein thronender Bärtiger aus dem 7. Jahrhundert vor Christi vom Lago dell' Accesa. Jeder in Massa Marittima weiß, wo der Palazzo Pannocchiesci in der Via della Libertà ist; die Einwohner betrachten ihn selbst mit kindlicher Phantasie. Denn schließlich hat Dante im »Purgatorio« seiner »Commedia« erzählt, daß Nello Pannocchiesci, von Eifersucht getrieben, seine Gemahlin in einem Castell in den Maremmen einschloß, woraufhin diese ihren Gatten ermorden ließ.

In der Altstadt gibt es ein kleines Bergwerk, durch das man sich führen lassen kann. Um ganz Massa Marittima schlingt sich ein Gürtel kleiner Bergwerke, von denen die meisten jedoch in den letzten zwanzig Jahren stillgelegt wurden. Sie haben sich nicht mehr rentiert. Gefördert wurden Metalle, Kohle und Pyrit. Viele der lebhaften Männer mit den grauen Gesichtern, die laut husten, haben einen guten Teil ihres Lebens unter Tage verbracht. Jetzt atmen sie schwer, sie sind früh gealtert, aber sie sind glücklich, endlich an der Sonne zu sein. Es ist ein besonderer Menschenschlag, einfach und zugleich äußerst kulturinteressiert. Ihre Großeltern waren arme Leute, die weder ein Geschäft noch eine Werkstatt hatten, deren Großfamilien in winzigen Häuschen lebten und deren Väter täglich bis zu vier Stunden zu Fuß, zu ihrer Mine gingen. Heute leben sie nach wie vor einfach, aber nicht mehr beengt, arbeiten auf dem Feld oder im Garten und sind meist seit ihrem fünfzigsten Lebensjahr pensioniert.

Zum Abschluß sollten Sie noch den steilen Weg über die Via Moncini, die in ihrem oberen Teil eine Treppe ist, hinauf zur Festung nehmen. Dort, auf dem höchsten Punkt, haben Sie die Wahl: Entweder Sie blicken über die typische toskanische Hügellandschaft nach Norden und Westen, nach Süden über die Ebene der Maremma bis zum Meer und den Schemen von Elba und der Insel Giglio, oder hinab Richtung Lago dell' Accesa, der hinter den Hügeln verborgen liegt.

Der Lago dell' Accesa ist ein kleiner, aber bis zu fünfzehn Meter tiefer See, der einer Quelle entspringt und mit dem Flüßchen Bruna einen ständigen Abfluß hat. Es ist ein besonderer See, der wie ein blaues Auge inmitten schilfiger Wimpern liegt, mit feinem weißen Sand, gedrechselten, kleinen Muscheln und silbrigen Fischen, umgeben von einem Eukalyptuswald und Hügeln. Vor Jahren wurde der See zu einer kleinen Berühmtheit, als das Gerücht umging, deutsche Touristen hätten dort ein Krokodil ausgesetzt. Die *carabinieri* bewachten ein halbes Jahr lang den See, schliefen in ihrem Geländewagen – und gaben den See schließlich wieder für die Badenden frei. Das war alles. Vielleicht war es nur der Streich eines Fischers, der endlich einmal ungestört fischen wollte. Doch seitdem höre ich manchmal ein leises Grummeln im Schilf oder sehe einen schweren Körper tief unten im Wasser lauern…

Dem Schweizer Künstler Daniel Spoerri war die Toskana ursprünglich ein Greuel, er wehrt sich bis heute entschieden gegen seine »Toskanisierung«. Der Eat-Art-Künstler weiß nichts über Pflanzen, nichts über das Wachsen, nichts von Blumen und Gräsern, einige Schnittblumen kennt er dem Namen nach, und Gemüse. Zumindest behauptet er das. Dennoch ist er ausgerechnet in einer Umgebung gelandet, die auf den Landkarten »Il Paradiso« genannt wird, in einem Ort bei Seggiano, der »Il Giardino« heißt, also tatsächlich in einem Paradiesgarten. Was ihn angelockt hatte, war ein angeblich schiefes Haus, ein Haus, das den Abhang hinabrutschte.

Obwohl sich das Gerücht nicht bewahrheitete – übrig blieb nur eine schräge Wiese – hatte die Falle schon zugeschnappt. Inzwischen hat Daniel Spoerri viel dazugelernt. Er beschneidet seine Olivenbäume selbst und betrachtet die Pflanzen so aufmerksam wie Kunstwerke im Museum. Ja, er scheint nun auf die gleiche Art wie die Toskana zu atmen, wie ihre Steine, ihre Flüsse, ihre Winde, ihr Meer – und doch ganz anders. Wie wäre es ihm sonst möglich gewesen, diese Landschaft intuitiv zu erfassen, sie umzugestalten und dort seine zwiespältigen Träume zu verwirklichen, Träume vom Zusammen- und Gegeneinanderwirken von Kunst und Natur.

Nehmen Sie sich die Zeit, und verbringen Sie einen Tag auf diesem magischen Gelände, auf der Suche nach immer neuen Wundern und Perspektiven. Sie werden sehen: Der Pfad führt Sie in neue Reiche, des Schrecklichen, Traurigen, Abstoßenden wie des Wunderbaren.

Zaghaft, erzählt Spoerri, fing er zuerst an, seine eigenen Bronzen in der Natur »man könnte sagen zu verstecken«. Dann kamen Köpfe von Eva Aeppli dazu, die ihre genähten Seidenköpfe in Bronze gießt, von Jean Tinguely, Freunden, Schweizern, Deutschen, Italienern. Inzwischen gibt es Werke von mehr als zwanzig Künstlern im »Giardino« zu sehen.

Lesen Sie diesen Garten, lernen Sie, fragen Sie, erinnern Sie sich, träumen Sie. Sie sehen ein nebensächliches Detail, und alles verschiebt sich. Singen und tänzeln Sie, wenn Ihnen danach ist, schließlich war Spoerri einmal erster Tänzer am Stadttheater in Bern.

Die Kinder toben auf den Wiesen und kugeln den Hang hinunter, den Mund voll Gras. Über ihnen, auf der Terrasse des Restaurants mit seiner unverwechselbaren Küche à la »eat art« Spoerris, des leidenschaftlichen Kochs, sitzen die

Menschen unter dem Sonnenschirm. Dort können Sie bleiben und in den Garten schauen, der den Betrachter wie die autobiographische Erzählung eines unabhängigen Geistes unterhält.

Dies ist kein Museum. Keine Kunstsammlung. Keine kulturelle Institution. Ein Labyrinthgarten vielmehr, aus dem Sie herausfinden oder auch nicht. Tatsächlich sehen Sie von einer tieferliegenden Terrasse aus den »Sentier muré labyrinthiforme«, Spoerris größtes Werk, das zwischen 1996 und 1998, angeregt von einem präkolumbianischen Petroglyphen, entstanden ist. Später, wenn Sie durch den Garten gehen, werden Sie spüren, wie ein Werk mit dem anderen korrespondiert oder es in Frage stellt. Das fängt schon an einem der Garteneingänge mit Meret Oppenheims Skulptur »Fontaine d' Hermès« an, die uns das Zeichen zu einem meditativen Aufbruch gibt. Eine aus Rolltreppenstufen gefertigte Bank lenkt den Blick auf das »Monument sédentaire: La fin de l' Agro«, vom Künstler Arman gestiftet. Vertrauen Sie sich den unsichtbaren Fäden an, die Sie auf diesem philosophischen Spaziergang leiten. Sie ziehen Sie unweigerlich zu »Agath'e Tyche«, dem Stein des guten Glücks, am 5. März 1777 von Goethe zum Kunstwerk erklärt. Den gleichen Travertin nahm Spoerri 177 Jahre später. Warum diese Rekonstruktion? Was hat Spoerri sich dabei gedacht? Spoerri lacht. »Ist es nicht die großartigste Skulptur eines großartigen Nicht-Bildhauers? Könnte doch ein Brancusi sein oder ein russischer Konstruktivist! Ich sehe darin eine prophetische Vorwegnahme der Moderne!«

Kreuzgänge, Reliquienschreine und Kapellen, wie das Memento mori für Tinguely oder den Altar, den Spoerri aus Totenschädeln errichtet hat; ein Spiegel zwingt den Besucher, sich selbst als Sterblichem ins Auge zu sehen.

Freude oder Trauer, alles ist Anlaß zur Freiheit für Spoerri, den Tänzer, Koch und Künstler, der siebzehn Hektar einer Wald- und Hügellandschaft vis à vis des Monte Amiata verzaubert hat. Wer lebend von dieser physischen wie mentalen Reise zurückkehrt, kann die Welt nicht mehr mit den gleichen Augen sehen wie zuvor. Wem es gelingt, diesen Ort zu begreifen, der sieht die Dinge in ihrer verborgenen Natur. Er wird freier. Denn Freiheit ist nichts anderes als die Fähigkeit, Verbindung zu schaffen zwischen dem Leben und dem Tod.

In der Toskana können Sie jeden Kilometer, den Sie fahren, als kleines Wunder erleben. Sanft geschwungene Hügel, Buschwerk, das an den steilen Abhängen Fuß gefaßt hat. Roter Mohn die Wege entlang, blühender Ginster. Dazwischen schöne, einfache Häuser, Villen, die an Fremde vermietet werden, Fattorien.

Auf dem Weg nach Magliano, von uralten Ölbäumen umrahmt, steht die herrliche Ruine der Abteikirche San Bruzio, um das Jahr 1000 errichtet. Ein klarer Bau mit Querschiff und drei Aspiden, ursprünglich von einer Kuppel aus acht Segmenten bedeckt.

Ich besuche immer wieder die reizvolle kleine Stadt Montemerano in der Nähe der Thermen von Saturnia, die inmitten von Olivenhainen auf einem Hügel liegt. Ein empfehlenswerter Ort für den Ferienaufenthalt. Hier zieht es mich jedesmal gleich am Ortseingang in die romanische Pfarrkirche San Giorgio, um die prachtvolle Holzskulptur des heiligen Petrus mit dem riesigen Himmelsschlüssel zu sehen. Nach einem Bummel durchs mittelalterliche Städtchen fahre ich weiter zu den Thermen von Saturnia, im Südosten der Toskana.

Saturnia befindet sich auf einer etruskischen Siedlung unter dem Travertinplateau. Schon die Etrusker sind hierhergekommen, um ins warme Wasser zu springen. Später haben die Römer den Ort zu Ehren von Jupiters Vater, in dem sie den Gründer der Siedlung sahen, in Saturnia umbenannt. Livius, Plinius und Herodot besangen den Ort, der von römisch-etruskischen Trockenmauern umgeben ist.

Sie haben die Wahl: Entweder Sie suchen das renovierte Bad mit drei Becken, Kaskaden, gepflegtem Rasen mit Liegestühlen und einem Vier-Sterne-Restaurant auf – und zahlen. Oder Sie baden in den wilden Thermen Cascate del Gorello in der Nähe einer alten Mühle, lagern auf den Felsen, atmen genüßlich den Schwefeldampf der 37,5 Grad warmen Quelle ein und lassen sich von den kleinen Kaskaden, in denen sich das Wasser nach unten ergießt, massieren.

Falls Ihnen in der Sonne zu heiß werden sollte, klettern Sie ins Becken zum weniger heißen Fluß hinab. Er ist hier so tief, daß Sie zwischen den dichten Büschen schwimmen können.

Wenn Sie sich von Saturnia in Richtung Grosseto entfernen, verändert sich die Landschaft. Die letzten Hügel der Toskana tauchen vor den prächtigen Bäumen und Feldern der Maremmen auf. Auf einem dieser Hügel liegt Roselle, einst eine bedeutende Etruskerstadt am Ufer einer ausgedehnten Lagune, die bis nach Castiglione reichte.

Bei Ausgrabungen, die immer noch nicht beendet sind, wurde nach und nach der sieben Meter hohe und über drei Kilometer lange etruskische Mauerring freigelegt. Noch heute sind die Abdrücke der Wagenräder in den Steinen der alten Straße zu erkennen. Sklaven karrten die bis zu sechs Meter langen Blöcke hoch. Unter einem Mauerabschnitt fand man ungebrannte, an der Luft getrocknete Ziegel, die hier wohl zum ersten Mal in Etrurien benutzt wurden.

Eine geheimnisvolle Etruskerstadt. Auf den Hügeln weht der Libeccio, ein heftiger Wind aus Marokko. Der bläht die

Kleider, während man den Blick übers weite Land schweifen läßt.

Ein faszinierendes Nebeneinander ineinander verfugter voretruskischer, etruskischer, hellenischer, römischer und mittelalterlicher Zeiten prägt diesen Ort. Das Forum aus Travertin, die Reste der Marktbasilika. Der Tempel, die Villa und das Wasserbecken. Unser Besuch endete stets in dem kleinen Amphitheater auf dem Hügel, wo ein verhutzelter Olivenbaum über der Mauer den Norden markiert. Da standen wir, formten die Hände zum Trichter und schrien italienische Flüche wie *corpo di baccho!*, beim Körper des Bacchus, oder *Madonna maiale!*, Schweinemadonna, die als vielfaches Echo zu uns zurückkehrten. Es war wohl gerade diese Reinheit und Durchsichtigkeit, diese überirdische Schönheit, die uns zu diesen Entgleisungen inspirierte.

Zum Abschluß dieses schönen Ausflugs ist ein Besuch im »Terzo cherchio«, nach Dantes Drittem Kreis der Hölle benannt, in Istia d' Ombrone fällig, wo Sie tatsächlich den Höllenqualen der Völlerei ausgesetzt sind. Schuld daran ist der Wirt Angelo Baldassari. Hier können Sie für einen Pauschalpreis so lange kleine Portionen auf zierlichen Tellern essen, bis Sie nicht mehr können – eine wahrhaft höllische Völlerei. Und eine Tortur, sie zu beenden: Fünferlei Vorspeisen, Suppen, Crostini, fünferlei Pasta, fünferlei Hauptspeisen und etliche Nachspeisen verlocken die Gäste. Der Wirt ist ein Koch von besonderer Begabung, und nirgendwo sonst habe ich so feine Gnocchi gegessen.

Schwalben tätowieren die Luft, als wir das weiter südwestlich gelegene Pitigliano besuchen, eine Stadt, die auf einem 313 Meter hohen Felsen aus vulkanischem Tuffgestein erbaut ist. Im Jahr 1293 ging der Ort, den bereits die Etrusker und die Römer zu einem ihrer Stützpunkte gemacht hatten, in die Hände der Familie Orsini über, die für die Wasserversorgung ein Äquadukt errichten ließ.

Es ist eine malerische Stadt, deren zahlreiche Freitreppen ihren Bühnencharakter unterstreichen. Unter dem Ort in den Felsenhöhlen waren einst etruskische Grabkammern, heute werden sie als Keller genutzt. Üppig, wie Statuen, sitzen die Frauen auf winzigen Stühlchen vor den Türen, selbst im Sommer mit Wollstrümpfen bekleidet, die Füße in heruntergetretenen Hausschuhen. Vor ihnen, am Straßenrand, verendet ein Kätzchen, das offenbar Staupe hat; ich weiß nicht, ob ihre Gesichter Ruhe und Hinnahme des Todes ausstrahlen oder schlicht Gleichgültigkeit. Zwei schöne Kirchen gibt es, den Dom Santi Pietro e Paolo mit einem *campanile*, der früher einmal als Wachturm diente, und die Kirche Santa Maria. Ein architektonisches Schmuckstück ist der ursprüngliche Stammsitz der Familie, der Palazzo Orsini mit seinem verzierten Portal. Er wurde im 13. Jahrhundert erbaut und im 16. Jahrhundert von Giuliano da Sangallo vollendet.

Aus Pitigliano kommt ein guter gleichnamiger Weißwein, eine Rarität in dieser Gegend, in der der Rotwein besser gelingt. Er stammt wie der Chianti aus der Sangiovese-Traube.

Wir steuern schließlich die letzte Station auf unserer Reise durch den Süden an, die alte Stadt Tuscania in der Tuscia, ursprünglich der Mittelpunkt des alten Etrurien, heute zum Lazio gehörend. Tuscania, der adrette Ort, in dem überall auf den Mauern nackte Frauen aus Stein lagern, Kopien einer alten Statue, ist eine Sache für sich: Der Rest der Toskana ist für die Leute hier Luft. Keine andere toskanische Stadt kann sich mit der Geschichte Tuscanias messen! Die Stadt trieft vor Öl – hier führt die *strada del olio* entlang. Als ich einen Tuscanier fragte, wie er das etruskische Erbe in den toskanischen Städten sehe, blickte er mich schief an und sagte höflich, aber recht zögerlich: Na ja, vielleicht hätten andere Städte auch einen gewissen etruskischen Hintergrund, aber der Geist der etruskischen Ahnen, der sei nur hier und sonst nirgendwo, ob ich das nicht auch spürte?

Zum Abschluß einer Etrusker-Reise sollten Sie in dieser romanischen Stadt ein etruskisches Menü zu sich nehmen, mit Lamm- oder Edelkastaniensuppe und *pignattaccia*, einem Eintopfgericht aus Schwein, Rind, Kuttelfleck, Zunge, Kartoffeln, Sellerie und Zwiebeln, im Tongefäß zubereitet. Zum Abschluß nehmen Sie ein gepflegtes Bad in den Terme di Papi bei Viterbo. Dann aber ist es an der Zeit, Ihre Toskana-Reise wieder aufzunehmen – auch wenn sie Sie lediglich in Städte mit »etruskischem Hintergrund« führen mag.

Die Riviera der Etrusker und die Maremma

Die gängigen Bilder der Toskana erwecken den Anschein, als ob dieses Land nur aus Olivenhainen und Zypressenalleen bestünde, eine abgeschlossene Welt für sich, heimelig wie ein Haus. Dabei wird vergessen, daß das Land an einer Seite über 300 Kilometer Küstenlinie am Thyrrenischen Meer hat, die Inseln nicht eingerechnet, und Meer und Land haben eine gemeinsame Geschichte. Ohne das Meer hätte die toskanische Geschichte nie diesen etruskischen Hintergrund und wären die Toskaner niemals diese eigenwilligen Menschen, die sich nicht um Rom und die Römer scheren. Sie strafen sie mit Verachtung, weil sie ihnen nie die Verfolgungen und Versklavungen und den Mord an der etruskischen Sprache verziehen haben. Hartnäckig halten sie an ihrem etruskischen Erbe fest: Der Vorliebe für orientalische Gewürze, Hammelbraten und regen Handel, bei dem das Feilschen oft wichtiger ist als das Kaufen selbst.

»Il mare è senza lische«, das Meer hat keine Gräten, heißt es in einem Lied. Die erste bekannte Seekarte stammt aus Pisa, ein Pergament-Portulan, ein Segelhandbuch aus dem

13. Jahrhundert, mit zwei Kreuzungspunkten, einer Vorform der Windrose. Doch die Toskaner vom Land scheinen das Meer nicht als Magnet zu empfinden – sie meiden es, vielleicht, weil es ihnen im Altertum nur Verluste und Enttäuschungen gebracht hat. Sogar die Malaria wurde durch die römischen Eroberer bis in die Maremmen eingeschleppt. Nach dem Untergang Roms plünderten die Vandalen, die Byzantiner und Araber ganze Küstenstriche. Die Toskaner zogen es zunehmend vor, ihre Dörfer hoch über dem Meer oder im Landesinneren auf einem Hügel zu errichten, wo sie sich sicherer fühlten.

Das Leben am Meer hat sich gewissermaßen selbständig gemacht: Es werden Tauchexpeditionen angeboten – als Teil einer überaus erfindungsreichen Tourismusindustrie – zu dereinst versunkenen Schiffen, die Amphoren voller Oliven- und Myrteöl sowie Wein transportierten. Daneben trifft man nach wie vor alteingesessene Küstenbewohner, die nicht schwimmen können, obwohl sie jeden Tag ihre eigene Seeschlacht als einfache Fischer austragen. Täglich müssen sie ein wenig weiter hinaus, damit der Fang groß genug gerät. Viele dieser einfachen Seeleute und Fischer kennen nur ihren Hafen – aber kaum eine Stadt. Sie kennen die Inseln, Elba, Korsika, Sardinien, Giglio, aber Lucca, Volterra oder gar Florenz haben sie nie gesehen.

Das kleine, mittelalterliche Populonia nördlich von Piombino war einst die einzige Hafenstadt der Etrusker. Heute ist es umgeben von einem Naturpark, einem über 350 Hektar großen Küstenstrich mit hügeligen Pinienwäldern und Sandstränden. Die Etrusker und Römer haben das von Elba hergeschaffte Eisenerz verhüttet. Wunderschön, aber von Deutschen überlaufen, ist der kleine Golf von Baretta, der unweit von den großen Tumuli, den Ruhestätten der Etrusker, liegt. Es lohnt sich, diese eindrucksvollen Grabstätten zu besichtigen.

Die Stadt Populonia liegt auf dem Hügel, umgeben von einem Mauergürtel, in dem Sie noch riesige Steinblöcke aus etruskischer Zeit entdecken werden. Populonia wurde nach der Christianisierung vorübergehend ein Stützpunkt Karls des Großen, der ihn später an Hadrian I. weitergab. Die mittelalterliche Festung mit ihren zinnenbewehrten Türmen, einer eckig, einer rund, können Sie an der Küste schon von weitem sehen.

Schöne Frauen gibt es in Livorno, das hat auch Curzio Malaparte festgestellt: »Oh, die Schönen von Livorno, mit den runden Schultern, den gedrechselten Armen, der Stirn so offen wie ein Fenstergesims. Gerade wie ein Gesims hinaus aufs Meer.« Man sieht es ihnen an, daß in der zweitgrößten Stadt der Toskana im 16. Jahrhundert nach dem Toleranzedikt griechische Kaufleute, spanische Juden, Exilrussen und englische Katholiken ihre Spuren hinterließen. Und wenn ich durch die kleinen Straßen gehe, beleuchtet die Sonne die kleinen Läden, auf deren Schildern griechische, türkische, spanische, arabische und jüdische Namen stehen, was sonst in der Toskana kaum zu finden ist.

So schön wie damals, als fast nur helle Baumstämme mit Segeln an den Fenstern vorüberzogen, ist Livorno heute nicht mehr. Der große Hafen, von dem aus es nach Elba und Civitavecchia geht, verschmutzt das Meer, ebenso die großen Ölraffinerien weiter südlich in Follonica.

Dennoch geht es oft noch sehr idyllisch zu: Im Hafen von Livorno riecht es mitunter verlockend nach Fischsuppe, Kinder tollen vor der wiederaufgebauten Fortezza Vecchia mit Hunden im Sand. Ein paar Angler sitzen auf den Klippen, oft stundenlang, ohne einen Fisch zu fangen. Die Fischer putzen in riesigen Kübeln ihre Seebarben und Tintenfische; der Sand blitzt silbern von den Fischschuppen.

Die in der Toskana *marocchini* genannten Afrikaner und Inder, die an der Küste entlang ihre Waren verkaufen, haben die bunten Shawls, Pareros, Badetücher und Kleider, die großen Kästen, in denen sie ihre Sonnenbrillen, Uhren und ihren Schmuck feilbieten, an einem Denkmal für Großherzog Ferdinando I. de' Medici aufgebaut. Diese Sklaven der Moderne, die großen, gnadenlos arbeitenden Organisationen angehören und nachts in schäbigen Massenunterkünften schlafen, arbeiten unter den vier Bronzesklaven, die zu Füßen Ferdinandos angekettet sind. Mit diesem Motiv hat Pietro Tacca Michelangelos berühmtes Thema ein Jahrhundert später noch einmal aufgegriffen. Tacca ging damals eigens in die *cárceri*, das Stadtgefängnis, besah und betastete die gefangenen Schwarzen, wie ein Klavierspieler die Tasten berührt, und wählte die dramatischsten als Modelle aus.

Livorno ist voll schöner Palazzi und heller Plätze, auf denen überall Großherzöge stehen, die Stirn mit Lorbeer geschmückt, die Toga schräg über eine Schulter geworfen.

Etwas vom alten, unverfälschten Livorno findet man noch im Stadtteil Venezia, der mit seinen öligen Kanälen, den auf halber Strecke steckengebliebenen Rolläden, den Kindern, die abends im Nachthemd in den Straßen tollen, tatsächlich etwas vom abseitigen Venedig hat. Freilich fehlen die Lagunen und die Gondeln. Hier heißen die Straßen Scalo del Refugio, Scalo del Pesce oder Scalo degli Isolotti – Straße des Rückzugs, Straße der Fische und Straße der Inselchen. Hier gibt es abends die gebratenen kleinen Fische, hier riecht es nach Teer, und hier flattert die Wäsche hoch über den Straßen im Wind. Hier gibt es auch die Piazza Giordano Bruno, und in einem Winkel des Platzes das Denkmal für den unruhigen Mönch und neuzeitlichen Denker, der im Laufe seines Wanderlebens nicht nur in Neapel, Genf, London, Paris, Wittenberg, Prag, Helmstedt, Frankfurt und Venedig, sondern auch in Livorno gewesen ist. In Rom schließlich wurde der pantheistische Naturphilosoph, der eines extramondialen Bewegers nicht bedurfte, schließlich verbrannt, nicht ohne seinen Richtern zuzurufen, sie hätten beim Fällen des Urteils größere Furcht als er, der es empfange. Vielleicht ist seine Komödie »Il Candelaio«, »Der Kerzenzieher«, mit seinen zwielichtigen Gestalten, den Dieben, Gaunern, Kupplern, Prostituierten, in dieser Hafenstadt entstanden.

In der Via della Venezia habe ich einmal über meinen Cappuccino hinweg ein barfüßiges, halbwüchsiges Mädchen mit schmalem Oberkörper und enorm langen, makellosen Beinen beobachtet. Sie setzte sich an den Nachbartisch und betrachtete ihre schönen Beine, schüttelte ihr glattes, fransig geschnittenes, halblanges Haar. Ein fast orientalisches Gesicht, schmal, mit großen, schrägen, braunen Augen, langer, feiner Nase über einem schönen Hals. Ein Modigliani-Gesicht, dachte ich. Hier, in seiner Geburtsstadt, hat er mit diesem Mädchen einen Spaziergang zum Scalo della Barchetta gemacht, hier hat er mit ihr in der alten Bar Transatlantico einen *torpedino* getrunken.

Die italienische Journalistin Franca Magnani, der wir ein unkonventionelles und kenntnisreiches Bild ihrer Heimat verdanken und die in Livorno einen Teil ihrer Kindheit verbrachte, hat uns einen Artikel über Modigliani hinterlassen: »Seit Jahren«, schreibt sie, »ging in Livorno das Gerücht um, daß Modigliani 1990 einige Skulpturen in den Kanal seiner Geburtsstadt geworfen habe; er sei verbittert und gekränkt gewesen, weil die Livornesi seine Kunst nicht würdigten.«

Tatsächlich fischte ein Bagger im Auftrag der Stadtregierung drei Skulpturen aus dem Kanal. Eifrige Kunsthistoriker bestätigten mit Bewunderung die Echtheit der Werke, kurz darauf jedoch behaupteten einige Studenten, die Skulpturen selbst gefertigt zu haben. Die Angelegenheit ist nach wie vor ungeklärt.

Das schöne Mädchen zahlte und ging; ich blickte ihr nach. Modigliani hat sie geliebt, diese Unbekannte aus

Livorno. So sehr, daß er sie immer wieder malen mußte, ein Leben lang.

Die Bühne des Mediterran entfaltet sich auf Ihrer Reise nach Süden mit all ihren Requisiten. Der Widerschein von Himmel, Sonne und Wolken, die Farbschichten am Meeresrand von Hellblau über Kornblumenblau bis Dunkelgrün, die felsigen Küstenstrände und die hellen Küstenstücke mit weißem Sand – es ist eine Strecke der Übergänge und Schattierungen. Der durchgehende Piniengürtel am Meer, dicht und gepflegt, ist eine Rarität und ein wunderbarer Sauerstoffspender. Daran schließen sich die Maremmen an, einst Sumpfgebiete, heute ein fruchtbares Terrain, mit Sonnenblumen-, Mais- und Tomatenfeldern. Beliebte Badestrände finden Sie bei Cecina, Follonica und Punta Ala. Auch bei Golfern ist diese Region begehrt. Ein abwechslungsreicher Küstenstrich, bewacht von alten Wehrtürmen, die weit über die Strände ragen und bei Hitze in der flirrenden Luft leicht zu schwanken scheinen.

Angenehm und nicht zu überlaufen ist die kleine Hafenstadt Castiglione della Pescaia, wo viele Segelboote den Winter über auf warmes Wetter warten. Es ist ein Fischerort mit einer kleinen Burg auf dem Hügel, einem sauberen Meer und einem Wasserschloß in der Maremma. Fahren Sie landeinwärts, so bewegen Sie sich auf eine besonders harmonische Allee aus Zypressen und Pinien zu. Kurz darauf entdecken Sie ihre mißglückte Kopie.

Die Provinzhauptstadt Grosseto, von einem eindrucksvollen, roten Backsteinring aus dem 16. Jahrhundert umschlossen, hat etwas Unprätentiöses. Die Männer der Umgebung, die erbarmungslos realistischen Bauern vor allem, versammeln sich hier jeden Donnerstag auf dem Markt zwischen den Ständen um den restaurierten, mittelalterlichen Dom San Lorenzo an der Piazza Dante und in der Hauptstraße. Sie sprechen über Vieh, Getreide, Wein, Oliven, über Geld und über die Frauen.

Einen Eindruck davon, wie das Leben zu Zeiten der Etrusker spielte, gewinnen Sie im Museo Archeologico d' Arte della Maremma, wo Fundstücke aus verschiedenen Siedlungen, etwa Roselle, Pitigliano und Populonia ausgestellt sind.

Grosseto sollten Sie allein schon wegen der besten Gelateria, »Papetee«, in der Via dei Mille, nahe dem Markt, besuchen. Hier tragen in einem eiskalten Raum überaus freundliche, hübsche Eisverkäuferinnen mit kleinen, weißen Schürzen und Häubchen ein warmes Lächeln auf den Lippen. Hier gibt es fünfzigerlei Eis in allen Farben und *gusti*, nicht das übliche, sondern himmlische Kreationen mit Fruchtfleisch, Mandeln, Pistazien, Pinienkernen und Nüssen.

Romwärts, nahe Grosseto, liegt ein Naturschutzgebiet von bukolischem Zauber, der Parco Naturale della Maremma, ein Naturpark mit schönem Naturstrand. Ungewöhnlich ist die reiche und seltene Vogelwelt mit ihren zarten Seidenreihern, Seetauchern und Wiedehopfen, die Fülle der Wiesen und Bäume, der alten Eichen und Pinien, die riesigen Büffel- und Pferdeherden. Hier werden Führungen angeboten: durch die Vogelwelt und zu den Cowboys der Maremma, den *butteri*. Auch die Lagune von Orbetello, unterhalb des bewaldeten Monte Argentario mit seinen teuren Villen, ist berühmt für ihre Vogelwelt, ebenso der Lago di Burano, der eigentlich eine Lagune ist.

Viele Vögel in der Toskana haben ansonsten ein kurzes Leben, da trotz aller Appelle immer noch Singvögel gejagt und verspeist werden. Auch meine Freunde Mario und Esimio zucken nur die Achseln und finden nichts dabei. Es fällt uns schwer, diese südliche Achtlosigkeit zu akzeptieren. Dieses Verhalten wird nicht in Frage gestellt und steht im

Gegensatz zu einer zunehmenden und undogmatischen Ökologie. Denn gerade in der Toskana gibt es, nach anfänglichen Vorbehalten, einen wachsenden ökologischen Markt. In jedem Städtchen finden Sie inzwischen einen Bioladen, und kosmetische Produkte mit Meeresalgen oder Fangosubstanzen sind sehr beliebt.

Wallanlagen aus mächtigen etruskischen Quadern und Stadttore bestimmen das Bild der auf einer Landzunge errichteten Stadt Orbetello, die im 16. und 17. Jahrhundert von den Spaniern besetzt worden war. Sie liegt 20 Kilometer südlich von dem alten, etruskischen Fischerhafen Talamone, dessen Gründer den etruskischen Namen Tlamu getragen haben soll. 1824 hat man Orbetello erst durch einen Damm mit dem Monte Argentario, dem Feriensitz wohlhabender Römer und Touristen, verbunden. Einst Hauptstadt des spanischen Territoriums, des von 1555 bis 1708 bestehenden Stato di Presidi, sind auch eine alte spanische Waffenfabrik aus dem Jahr 1692, die prachtvolle Polveriera Guzman, und ein Arsenal erhalten. Dem Dom gegenüber liegt der frühere Ursulinenkonvent, wo Sie die Front eines etruskischen Tempels aus Talamone mit der Darstellung des blinden Ödipus zwischen Eteokles und Polyneikes sehen können, eine Terrakottaplastik von mitreißender Bewegung. Eine etruskische Mauer umfriedet Teile des Kanals, der die beiden Lagunen miteinander verbindet.

Südlich der Lagune liegt das alte Porto Ercole, das wie Castiglione della Pescaia trotz des Tourismus seinen Charakter als Fischerdorf behalten hat. In dem kleinen Hafen aus etruskischer Zeit schippern zahlreiche Boote. Der Hafen war nach einer Blütezeit unter den Römern zunächst verfallen. Unter spanischer Besatzung erhielt er sein heutiges Aussehen als militärische Festung. In Porto Ercole starb 1610 der Maler Caravaggio, vielleicht an Malaria, die damals so verbreitet war. In der Gemeindekirche Sant' Erasmo wurde er begraben. Am Altstadttor weist eine Gedenktafel darauf hin.

Das Crescendo einer weiblichen Stimme vor dem Torre della Tagliata, dem Turm zum Kanal Tagliata Etrusca, der das Hafenstädtchen Ansedonia mit dem Lago di Burano verbindet, erinnert mich an Puccini, der hier seine Oper »Tosca« schrieb. Rund um Ansedonia mit seinen Rudimenten aus etruskischer und römischer Zeit gibt es eine Fülle schöner Ferienhäuser, die Sie mieten können.

Die Schönheit der Landschaft, der Anblick des einsamen Hirten mit seinem lahmenden Hund vor ein paar Schafen oder ein buntes, glitzerndes Monument am Horizont wird Sie vielleicht dazu verführen, von der Via Aurelia ins Landesinnere abzubiegen und die paar Kilometer nach Capalbio zu fahren. Ein Stück südöstlich des mittelalterlichen Städtchens, bei Garavicchio, hat die Künstlerin Niki de Saint Phalle sich zwischen Korkeichen und Olivenbäumen einen Traum erfüllt und den Tarot-Garten errichtet, den Giardino dei Tarocchi. Mit der Arbeit begann sie 1978, an der Gestaltung des Gartens war ihr Mann Jean Tinguely beteiligt. In dem Garten stehen 22 riesige, begehbare Figuren. Die größte, die »Hohepriesterin«, aus deren Mund Wasser fließt, können Sie schon von Ferne sehen.

Niki de Saint Phalle war offenbar von Orakeln fasziniert und hat ihre architektonischen Spielfiguren aus dem Tarot gewählt. Vielleicht hat sie sich die wunderschönen Karten aus dem 15. Jahrhundert, die für die Herzöge von Mailand handgemalt und nach ihren Besitzern »Visconti-Sforza-Tarot« genannt werden, zum Vorbild genommen. Aus den 22 Arkana, den Geheimnissen, traf sie eine Auswahl: vom »Magier« mit verspiegeltem Kopf und himmelwärts weisender Hand bis zur »Herrscherin«, einer prallbrüstigen Sphinx. Der Garten spiegelt Niki de Saint Phalles Lebenslust ebenso wie ihre Todesgedanken wider. Es steht dort auch ein anrührender, orientalisch anmutender Altar für den 1991 verstorbenen Künstler Jean Tinguely, mit Votivgaben, bunten Lichtern und Bildern. Wohin sich unsere Blicke auch richten, überall finden wir ein buntes, lebenspralles, burleskes Bild – ein Gegenbild zu dem eher düsteren *sacro bosco*, dem Park von Bomarzo von Vicino Orsini aus dem 16. Jahrhundert. Dieser Park bei Viterbo hat mit seinen steinernen Ungeheuern und sagenhaften Gestalten etwas Morbides. Niki de Saint Phalle, deren Karriere mit »Schießbildern« begann – sie schoß aus Protest gegen allzu hehre Kunstansprüche mit Farbbeuteln aus ihrer Flinte auf Gipsreliefs –, ist 2002 an Lungenkrebs gestorben, eine Folge ihrer Arbeit mit giftigen Farben.

Die poetische Toskana

Sie sitzen an dem kleinen Tisch vor der Bar, trinken Ihren Espresso und hier und da dringen die Stimme einer Frau, das Schreien eines Kindes, das zärtliche Raunen eines Liebespaares an Ihr Ohr. Worte und Rufe springen von Stein zu Stein, von Ecke zu Ecke, von Haus zu Haus. Und wenn Sie in die Gasse, die in die *piazza* mündet, hineinblicken, werden Sie die Frauen vor ihren Türen sitzen und miteinander reden sehen, die Männer treffen sich in der Werkstatt und deuten mit anschaulichen Gesten und Worten auf eine Schraube, eine Wolke oder ein Auto, und Sie werden sie mit gedämpften Stimmen fluchen hören, wenn etwas nicht funktioniert. Ob Liebesgeflüster oder Fluch – es klingt poetisch und sprachschöpferisch, hat seine eigene Melodie. *Cantando come donna inamorata*, heißt es in Dantes »Commedia«, singend wie eine verliebte Frau: das Toskanische wird eher gesungen als gesprochen.

Um Sie herum eine fremde Welt mit einer fremden Sprache. Sie verstehen alles – und nichts. Sie ahnen, daß es mehr als bloßes Lernen erfordert, diese Sprache zu sprechen.

Es macht Spaß, in der Bar zu sitzen und zu lauschen. Ich gehe nicht allein wegen des Espressos dorthin, sondern jener Dinge wegen, die man sonst vergißt. Die Art, wie Rudolfo, den Espresso balancierend, »Barbara« zu mir sagt, als mache er eine Zungenübung. Die körperliche Wahrnehmung meiner Person: Nie vergißt er, dabei seine Hand auf meine Schulter zu legen. Die Art, wie sämtliche Muskeln im Mund beteiligt sind, wenn er mit den Leckerbissen seiner Sprache umgeht. Wie er die Worte kaut, beißt und schluckt, als handelte es sich um sinnliche Belohnungen. Wie er mit ein paar einfachen, teilnehmenden Sätzen die Verbindung zwischen uns herstellt. Wie er mit kindlichem Eifer die Luft einsaugt wie ein dickflüssiges Getränk, um Fleisch und Blut seiner Worte auszukosten. Etwas gelingt da auf Anhieb, weil er dem Gefühl Vorrang gibt. In Deutschland bin ich viel zu sehr darauf programmiert, den Stimmen lediglich trockene Informationen zu entnehmen, Termine zu verabreden und Dinge zu kritisieren. In der Toskana entspannt sich mein abgemühtes Hirn, und ich fühle, daß mir warm wird.

Sie schämen sich, wenn Sie radebrechen und herumstottern? Sie wundern sich, daß man Ihr Gestammel trotzdem zu entziffern scheint? Der Wissensdurst und das akustische Mitteilungsbedürfnis der Toskaner sind viel zu ausgebildet, als daß sie Sie nicht verstehen würden. Mit sprachbegnadeter Engelsgeduld, mit Einfühlungsvermögen, Phantasie und geburtshelferisch-beschwörenden Gesten wird herausgeholt, was nach außen will.

Jetzt sind Sie reif für einen heißen Tip (ich habe da so eine private Liste). Sie brauchen nichts weiter als eine Tageszeitung, etwa die »Repubblica« und einen Nachbarn, der am Nebentisch sitzt und sich am Kopf kratzt. Bei mir jedenfalls hat es prächtig funktioniert: Sie weisen mit dem Finger auf die Überschrift und sagen mit ratloser Miene: *Non capisco, Signore.*

Ich sage Ihnen: Es gibt keine bessere Methode, um mit jemandem ins Gespräch zu kommen! In Kürze sind Sie mit Händen und Füßen in ein angeregtes Gespräch verwickelt, und bald wissen Sie nicht nur über einander, sondern über das Dorf, ja die ganze Welt Bescheid. Und wenn Sie nicht gleich verstehen, wird er das Wort so lange wiederholen, bis Sie kapieren, wird schreien, singen, gestikulieren, hingerissen von seiner Lehrtätigkeit, als habe er selbst gerade erst die italienische Sprache entdeckt. Und anderntags wiederholen Sie diese Übung ganz unverfroren – Sie werden sehen, der Mann wartet schon, vorausgesetzt, Sie sind nie müde zu betonen, wie schön die Toskana ist.

Für Fortgeschrittene habe ich auf meiner Liste einen weiteren Tip: Als ich darüber nachdachte, wie ich meine noch immer oberflächlichen Sprachkenntnisse vertiefen könnte, fiel mir der pensionierte Lehrer ein. Wer, wenn nicht er, war geeignet, mir die Grundzüge der Grammatik zu vermitteln?

Mein Lehrer hieß Cesarino und reichte mir allenfalls bis zur Brust – dafür war seine Sprachkraft gewaltig. Er schrie. Und gestikulierte. Und sprang. Und sang. Und hechelte. Und vibrierte. Er summte. Er zischelte. Und atmete. Und arbeitete: Mit Bauch-, Kehl-, Zungen- und Kiefermuskeln, daß es eine wahre Freude war.

Ich stand leicht gebeugt vor dem kleinen Mann, der mich mit wilden Gesten dirigierte, legte die Zunge hinter die oberen Schneidezähne und ließ sie am Gaumen vibrieren. Rrrrrr! Ich hatte nicht gewußt, wie schwer es ist, ein echtes Zungen-R durchzuhalten.

Und wie unterschiedlich man einen Konsonanten aussprechen kann! Ich muß zugeben, daß ich nicht geahnt hatte, welch spezifische Konsonanten- und Vokalarbeit nötig ist, um das toskanische Italienisch richtig auszusprechen.

So mühelos, wie Ihre Kinder die Sprache lernen, wird es

Ihnen sicher nicht gelingen. Mein Sohn Florian hatte seine eigene Technik: Er wartete, bis er die deutsche Sprache beherrschte, und begann dreijährig mit der Frage: *»Come si chiama questo?«* (Wie heißt das?).

Nur Mut! Werfen Sie die deutsche Verklemmtheit, was Lautstärke und Modulation betrifft, ab! Unsere Nuschelei muß auf tiefsitzende Hemmungen und sprachliches Schlampertum zurückzuführen sein. Wir sind sprachfaul, dazu ausgestattet mit einem Hang zum Griesgram, gut in Wertungen und viel zu schlecht im Loben. Uns fehlt es an Aufmerksamkeit. Bravo! Was immer Sie tun, Lob ist Ihnen gewiß. Sie machen *futinge*? Gehen joggen? Bravo! Gut für die Figur, heißt es jeden Morgen, wenn ich jemandem begegne. Sie haben ein neues Wort gelernt, tragen ein neues Kleid? Bravo, *bello, fantastico!* Wie ungewohnt! Man begegnet einander wohlwollend, lobt und bedauert die Mitmenschen und achtet Sie als das, was Sie sind – ein Mensch.

Was unsere Sprache angeht, so sind die Toskaner ziemlich gerissen: Sie reservieren sie für Hunde. Cesarinos Schäferhund etwa versteht Deutsch. Kapiert »Platz«, »Fuß« und »Sitz«, Bestandteil der Dressur. Es ist toscanissimo (und vielleicht ein kleiner Hieb), die Parole »Faß!« lieber in deutscher Prosa zu erledigen. Im übrigen ist es um den deutschen Sprachschatz der toskanischen Menschen nicht anders als kümmerlich bestellt.

Die Poesie der Toskaner liegt auch im Unausgesprochenen. Darin sind sie Meister. Sie wissen, daß bei der Sprache das Nichtgesagte oft das wichtigste ist, glauben an vieldeutige Pausen und schätzen das Verschweigen. Sie schmücken oder ersetzen ihre Reden durch eine Vielfalt von Gesten und entziehen sich so geschickt der babylonischen Sprachverwirrung in den Zeiten des Tourismus. Uns hat man das Gestikulieren bereits als Kind ausgetrieben, da es als unfein galt.

Ich bin mir nicht sicher, ob ich dem kürzlich verstorbenen Italienkenner, Schuhfetischisten und Schweineliebhaber Gregor von Rezzori, der auf einem der Hügel nahe von Florenz, bei Pontassieve, lebte, glauben soll. Er behauptete, daß das *telefonino*, das Handy, die italienische Gebärdensprache einengte. Ich habe allerdings doch erstaunliche Darbietungen gesehen – trotz dieses Vehikels. Ein Erfindungsreicher wiegte es wie ein Kind im Arm. Eine junge Frau küßte es wie einen Geliebten. Ein dritter schließlich tanzte mit seinem Handy und hielt es zärtlich ans Ohr gepreßt.

Sind Sie mal mit dem Liegewagen in Italien gereist und haben am lauthals verkündeten Privatleben Ihrer fünf Mitinsassen teilnehmen dürfen? Oder am Meer die zum Himmel schreienden Informationen über die kleinsten Gedankengänge Ihres fidelen Nebenmannes – Rechtsanwalt, drei Kinder, Freundin in Milano, Käseliebhaber und Nichtraucher – in sich aufgenommen? Ein buntes, liebenswertes Sprach- und Lebenstheater spielt sich allerorten vor Ihren Augen ab.

Ich fahre nicht zuletzt der erstaunlichen Gesten wegen in die Toskana. Ich sehe gern zu, wenn Mario klagt, daß er Hunger habe: Er führt vier Finger seiner gekrümmten Hand vor den geöffneten Mund. Rudolfo betont die Qualität eines Gerichts, indem er die Wange einzieht und den Zeigefinger in der Höhlung dreht. Mario beschreibt eine attraktive Frau, indem er seinen nicht vorhandenen Busen mit beiden Händen anhebt. Und Berlusconis *la-corna*-Geste, das Gehörn, wobei die Faust mit hochgerecktem Zeige- und kleinem Finger Richtung Unterwelt weist, versteht sich von selbst. Damit wehrt man in der Toskana und in vielen anderen Teilen Italiens böse Geister ab. Weist das Geweih jedoch nach oben, dann ist Perfidie im Spiel: diese Geste imitiert und ironisiert die Kunst des Ehebruchs und verhöhnt den Gehörnten.

Klang, Gestik und Sprachmelodie liefern die Kraft der

Kommunikation. Das macht Spaß. Ein Gespräch sollte Energie spenden, anstatt sie dem Sprecher zu entziehen, wie ich es in Deutschland immer wieder empfinde.

Dabei sind die Toskaner durchaus Realisten. Die Welt nicht ändern, sondern kennen: Diese toskanische Maxime prägt den Sprachschatz, der nicht nur eindrucksvolle Bilder und differenzierte Worte für Gefühlsregungen bereit hält, sondern auch recht pragmatisch sein kann – verblüffend direkt. (*Sempre in quadrato*, immer im Quadrat, immer eckig, so sind nach Meinung Marios etwa die Deutschen.) Das hängt auch mit der Geschichte der Volkssprache in der Toskana zusammen, die im 13. Jahrhundert, als Florenz in wirtschaftlicher Blüte stand und die Führungsrolle übernahm, eine imposante Entwicklung nahm. Es war der aufstrebende Kapitalismus, der auch sprachlich für viel Bewegung sorgte. Die Florentiner waren in Geschäften stets flink und risikobereit, ohne darüber den eigenen Vorteil zu vergessen. Handelsgesellschaften wurden gegründet, die Florentiner Banken, stets bereit, ein gutes Geschäft zu machen, spielten nicht nur für den Geldverkehr in Italien eine große Rolle – der *fiorino d' oro*, der Forint, wurde in Europa zum beliebtesten Zahlungsmittel. In diesem *sistema protocapitalistico* bedurfte es neuer Worte: *capitale*, *investire*, *scontare* werden noch heute verwendet. Die Florentiner erfanden damals bereits den Scheck.

Ein anderes Leben hatte begonnen. Mit Phantasie und Tradition kam man nicht mehr aus. Neue, spezielle, praktische Methoden mußten gefunden werden. Es war im Jahr 1211, als man das erste Rechnungsbuch in Florenz aufzeichnete und somit die Praxis des Schreibens begründete. Und als es um Geldgeschäfte ging, ersannen die Juristen eine kommerzielle und juristische Gebrauchsprosa, die den sprachlichen Konventionen anderer Zentren an Genauigkeit und Subtilität weit überlegen war.

Die Toskaner verstanden es, Geld zu verdienen, was sich in einer kulturellen Blüte niederschlug. Es gibt in Italien kein anderes Volk, das wie die Toskaner mit dem *dolce stil nuovo* die von den Sizilianern rezipierte, höfische Lyrik in eine bürgerliche Kultur übertrug. Darüber hinaus entdeckte man das wissenschaftliche wie literarische Traktat, die Novelle, die Chronik und Geschichtsschreibung bis zur komisch-realistischen Dichtung, und Florenz wurde, nach Bologna, zum zweiten Zentrum der Rhetorik, die zuerst im Rechtswesen angewandt wurde. An die zehntausend Kinder lernten in einer Art Grundschule bereits Lesen.

Doch was wäre aus all diesen Ansätzen ohne Dante Alighieri, Francesco Petrarca oder Giovanni Boccaccio geworden?

»Ich hatte eine Vision, in der ich Dinge sah, die mich zu dem Entschluß brachten, so lange nicht mehr über diese Glückselige (Beatrice) zu schreiben, bis ich imstande wäre, in würdigerer Form von ihr zu handeln. Und um dieses Ziel zu erreichen, werde ich so viel Wissen wie eben möglich erwerben...«, schrieb Dante 1293 am Schluß seiner »Vita Nuova«, und gut zehn Jahre später war er dann soweit, ein so vielfältiges, kunstvolles und poetisches Werk zu beginnen, das seine Zeitgenossen in allen wichtigen diesseitigen und jenseitigen Dingen unterwies: Eine Art Lebenshilfe, die in handgeschriebenen Kopien kursierte und immer weitere Kreise zog. Bis heute hat dieses Buch in der ganzen Welt überdauert. Jeder Bauer, jedes Schulkind in der Toskana kennt Dante und kann aus der »Göttlichen Komödie«, diesem großen Weltgedicht, das Dante schlichtweg »Commedia« nannte, zitieren, doch meist machen sie in der Hölle Halt. Sie steigen nicht ins Purgatorio oder gar ins Paradies auf. Für sie steckt der ganze Dante in der infernalischen Phantasie, mit der er Mythen und Volksglauben zu blutigen und grauenhaften Teufelsfratzen häuft, sie kitzelt das

Schreien der Gequälten und die Verdammungsurteile, die Klagen der gepeitschten armen Sünder. Da ist kaum einer, der sich nicht erinnert, wie die Schmeichler im menschlichen Kot, die Verräter im ewigen Eis büßen müssen. So etwas Langweiliges wie das Paradies hingegen kennen sie schon: Es ist schließlich der Winkel der Toskana, in dem sie zu Hause sind, und so hat Dante den Ort der Seligen auch gemacht, mit seinen sinnlichen Landschaftsbeschreibungen, den ebenmäßigen Reihen der Reben, den schwebenden Olivenbäumen an den Hängen, den Lichterscheinungen, dem Doppelkreis des Regenbogens und dem Mond, nicht zuletzt mit seiner moralischen Ordnung. Eine poetische und sinnbildhafte Toskana.

Ich mag das, diese Liebe der Toskaner zu ihrem Schriftsteller – für viele ist er so etwas wie ein Freund, ein *amico*. Das sind sie selbst, dieser sündige, verirrte Wanderer im Wald, mit dem die »Commedia« beginnt. Jeder hat seine Liebesverstrickungen, seinen Ehrgeiz und seine wirtschaftliche Not, leidet am politischen und moralischen Niedergang seines Landes. Dantes Lebensgeschichte ist nicht nur Teil der Geschichte der Toskana, sondern auch Teil eines jeden einzelnen.

Die Überlieferungen von Dantes Leben bergen ihre eigene Wahrheit. Die Kindheit des Dichters war von Armut gezeichnet, die Mutter Bella ist bald nach seiner Geburt gestorben, der Vater Alighiero, Angehöriger des niederen Adels starb, als Dante etwa 16 Jahre alt war.

Der junge Dante gab seine Pläne nicht auf; er heiratete Gemma, Tochter aus dem mächtigen Haus Donati, führte das Leben eines Edelmannes, widmete sich dem Studium der Wissenschaften und befaßte sich mit dem Kriegshandwerk.

Das Florenz von damals empfand Dante als eine verrückte, eine »trostlose« Stadt, zerrissen vom Machtkampf zweier politischer Parteien, den papsttreuen Republikanern, den sogenannten schwarzen Guelfen, den reichen *Neri*, zu denen auch die mächtigen Bankmagnaten gehörten, und den kaiserlich orientierten, vom Papsttum unabhängigen, sogenannten weißen Guelfen, den *Bianchi*. Es war ein Interessengerangel, bei dem es nur ums Geld ging, eine Tatsache, die Dante vor allem aufbrachte.

Womöglich war Dante, der Angehörige der *Bianchi*, der typische Intellektuelle, der großen Ideen und unrealistischen Zielen wie etwa der Freiheit der Kommune und einer Kirche, die weltlichen Ansprüchen entsagte, nachjagte. Sein Leben war eine spirituelle Wanderung, das Erklimmen eines »Läuterungsberges«, vergleichbar der »Commedia«.

Dantes politisches Engagement begann mit der Schlacht von Campaldino 1289 zwischen Schwarzen und Weißen, aus der Florenz gestärkt hervorging. 1295 verschaffte Dante sich durch Einschreibung in die Zunft der Ärzte und Apotheker Zugang zu den *consigli* und wurde Mitglied verschiedener Räte der Stadt. Die »Weißen«, denen es jedoch nicht gelang, einen geschlossenen Widerstand zu organisieren, wurden gestürzt; man beschuldigte Dante des Widerstands gegen den Papst, der die ganze Toskana unter die Fuchtel der Kirche stellen wollte. Doch der Papst war dem listigen Toskaner Dante nicht gewachsen. Es gelang ihm nicht, den Dichter in die Hölle zu schicken, und Dante entging der Exkommunikation. Wir können ihn uns nur zu gut vorstellen, wie er mit strengen Zügen und zornigen Schatten über der Nasenwurzel im Jahr 1301 bei Bonifaz VIII. erschien, um die Aufhebung des Verdikts zu erwirken – trotz seiner Wut stets urban und kultiviert.

1302 wurde Dante zum Staatsfeind erklärt. Man verbannte ihn aus Florenz, schloß ihn von allen Ämtern aus und verurteilte ihn zu einer Geldstrafe. Da er das Urteil nicht anerkannte, wurde er zum Tod verurteilt, woraufhin er sich in ein lebenslanges Exil begab, unter anderem unter den Schutz mächtiger Gönner in Lucca und Verona. Während ab 1303 zahlreiche Schriften entstanden und er beständig an der »Göttlichen Komödie« arbeitete, hegte er stets – vergeblich – die Hoffnung, rehabilitiert zu werden und nach Florenz zurückkehren zu können. Nach Jahren des Exils und zahlreichen Entbehrungen und Demütigungen starb Dante 1321 in Ravenna.

Sein Leben ist ein Stück Geschichte der großen kulturellen Leistungen seiner Zeit, der *civilità comunale*, der kommunalen Kultur, und des *umanesimo comunale*, des kommunalen Humanismus. Und all dies hat seinen Ursprung in Florenz, wo die Kommune als Form des Staates am längsten währte. Hier entstanden nicht nur die Literatur Dantes, Boccaccios, Machiavellis und Petrarcas, sondern auch die gotische Baukunst und die florentinische *ars nova*, in deren Rahmen sich eine weltliche Musik entwickelte: die *Ballata*, ein getanztes und gesungenes Liebeslied, das *Madrigal* und die *Caccia*. Die Malschulen Sienas, des Duccio di Boninsegna, des Florentiners Cimabue und Giottos versammelten sich im kleinen Florenz.

Ebenso wie Dante ist auch Francesco Petrarca ein Lorbeergekrönter, der die Auseinandersetzung mit den antiken Autoren vorantrieb und Ciceros Stil entdeckte. Für ihn beherrschte nur jener die Eleganz des sprachlichen Ausdrucks, die *eloquentia*, in dem geistig-sittliche Ordnung herrschte. Ein wenig mittelalterlich das Ganze, bereits von Boccaccio kritisiert und später von Giordano Bruno als heuchlerisch verspottet.

In Padua, Verona, Florenz und Venedig fanden sich kleine Zirkel, denen vorwiegend Juristen angehörten, die beim Schein einer ermatteten Kerze Stunden damit zubrachten, antike Literatur kritisch zu lesen und zu interpretieren: die Geburt des Humanismus in der Renaissance. Neu und nicht ohne Auswirkung auf die italienische Literatur, daß man sich mit den moralischen Aspekten der kunstvollen Rede auseinandersetzte: Kann man damit die Menschen formen?

Das war nicht gerade das Hauptthema von Giovanni Boccaccio, dessen Leben als illegitimes Kind bescheiden begann. 1313 wurde er in Certaldo bei Florenz als Kind eines Geschäftsmannes und einer Frau, die wohl zur Dienerschaft des Hauses gehörte, geboren. Das mag der Grund dafür sein, daß seine Toskaner im »Decamerone« unter ihrem reichen Gewand immer einfache Leute sind, auch wenn sie noch so pompöse Reden schwingen. Nach dem Studium der Rechte arbeitete Boccaccio als Richter in Florenz, sein besonderes Interesse galt jedoch längst der Dichtung. Boccaccio hat ein großes Werk hinterlassen; am bedeutendsten ist der weltberühmte »Decamerone«, diese Sammlung kurzer Novellen, den *novelline*, die unsere moderne Erzählform prägten und überhaupt erst ermöglichten. Das weltberühmte Werk entstand zwischen 1348 und 1353. Geschliffene, elegante Novellen um sieben junge, vor der Pest flüchtende Florentiner, die sich die Zeit mit erotischen Geschichten vertreiben und sich eine paradiesische Welt erschaffen – der »Decamerone« wurde oft kopiert und nie erreicht.

Schon das anspielungsreiche Vorwort macht deutlich: hier spricht ein lebendiger, sinnenfroher und echter Toskaner, scharfzüngig und gewandt in der Kunst des Verschweigens und der ironischen Anspielungen. Es war zu erwarten, daß die Inquisition dieses anstößige Buch auf den Index setzte, obwohl es kein Geheimnis war, daß das Lieblingsbuch der katholischen Geistlichen war. Das düstere Mittelalter jedenfalls hat Boccaccio damit vertrieben.

Einer, der auch ein Leben als Staatsdiener und Dichter geführt hat, wenn auch 150 Jahre später, war der ungemein scharfsinnige Niccolò Machiavelli, dessen politisches Denken gerade heute wieder vielbeachtet und neu herausgegeben worden ist. Der Sproß einer verarmten Beamtenfamilie brachte es 1498 zum Staatssekretär und später zum Kanzler des »Rates der Zehn« von Florenz.

Machiavelli war keiner von denen, die dem florentinischen Fortschritt unkritisch applaudierten und den Medici um den Bart gingen, weshalb man ihn 1513 kurzerhand antimediceischer Verschwörungen beschuldigte, einkerkerte und folterte. *À Firenze si fa così*, kommentiert mein Freund Mario, in Florenz macht man das so.

Nach seiner Freilassung zog Machiavelli sich aufs Land zurück und arbeitete an seinem schriftlichen Werk, unter anderem »Il principe«, »Der Fürst«, einer illusionslosen Bestandsaufnahme des Regierungsgeschäfts. »Denn zwischen dem Leben, wie es ist, und dem, wie es sein sollte, klafft ein so gewaltiger Unterschied, daß wer das, was man tut, aufgibt für das, was man tun sollte, eher seinen Untergang als seine Erhaltung bewirkt: denn ein Mensch, der immer nur das Gute tun wollte, muß zugrunde gehen unter so vielen, die nicht gut sind. Darum ist es notwendig für einen Fürsten, der sich behaupten will, zu lernen, auch nicht gut zu sein, und das Gute zu tun und zu lassen, wie es die Notwendigkeit erfordert.«

Als er bereits um die 50 Jahre alt war, erteilten die Medici ihm den schmeichelhaften Auftrag, eine Chronik von Florenz zu schreiben. Es entstanden seine klarsichtigen »Istorie fiorentine«.

Zurückgefunden in ein öffentliches Florentiner Leben hat Machiavelli freilich nicht wieder. Er starb enttäuscht, einsam und verkannt.

Dante, Petrarca, Boccaccio – sie haben die ungeheure Entwicklung in Bewegung gesetzt, daß aus der Volkssprache, in der Eroberer und Besatzer, Gastarbeiter und Söldner ihre Spuren hinterlassen hatten, die lateinische Ursprache reiner und klarer herausgeschält worden ist als in anderen romanischen Sprachen. Die italienische Hochsprache, als deren Sitz Florenz gilt (obwohl man dort sagt, das schönste Italienisch sei *lingua toscana in bocca romana*, also eine Mischung aus Toskanischem und Römischem), ist karg und mager wie die toskanische Erde.

Und heute? Werden Sprache und Literatur noch gepflegt? Die üblichen Klagen sind vernehmbar über die neue Wortarmut und Sprachlosigkeit, das Überhandnehmen von Amerikanismen. Aber es gibt auch das allwöchentliche, eineinhalbstündige Literatur-Ratespiel des Senders Rai3, ferner eine Sendung, in der Menschen nach vergriffenen und alten Büchern suchen können. Die »Repubblica« legt jede Woche ein literarisches Taschenbuch zu einem geringen Aufpreis bei, Bücher, die dann auch im Zeitungskiosk zu kaufen sind.

Heute ist die Pflege der Sprache primär in der Hand von Autoren. Schriftsteller wie Antonio Tabucchi haben deutlich gemacht, daß die klare und präzise toskanische Sprache nicht nur für Juristen und Bürokraten gemacht ist. In ihrer Sparsamkeit und Eindeutigkeit liegt eine besondere Poesie.

Florenz

Als ich 1957 das erste Mal nach Florenz kam, hatte ich viel vor. Ich wollte alles auf einmal sehen. Nach einer Woche war ich erledigt – und geheilt. Es war falsch gewesen, Florenz wie ein imaginäres Museum zu durchlaufen. Das war viel zu viel Kunst für viel zu wenige Tage.

Ich gab auf und setzte mich in ein Café vor dem Dom. Und einen halben Tag später in ein Café auf der Piazza della Repubblica. Und plötzlich war alles da. Da der Dom mit dem wunderschönen Namen Santa Maria del Fiore, seinem rosa-weiß-grünen Marmor und der schönsten Kuppel, alles von der Stadt und ihren Bürgern finanziert. Da das geheimnisvolle und wertvolle Baptisterium, die Signoria, die Löwen an der Loggia dei Lanzi und der Palazzo Vecchio. Da war mit einem Mal eine Zusammenschau, ein Zusammenhang, da entstand ein Bild.

Nach Landschaft, Bäumen, Bauern und Blumen sind Sie jetzt reif für die Stadt. Sie sind vielleicht mit dem Auto auf Florenz zugefahren und haben mit wachsender Aufregung registriert, was Preußens berühmter Baumeister Schinkel über seinen Aufenthalt in Florenz notierte: »Je mehr man sich Florenz nähert, je abwechselnder wird die Gegend, Paläste, von Zypressen und Piniengruppen umgeben, krönen die Gipfel der Berge, ein schönes Tal aus Villen und Städten bietet die reichsten Aussichten. Die Zahl der Landhäuser nimmt immer mehr zu, schöne Gärten an den Abhängen der Berge, reiche Weinpflanzungen in den Tälern künden die Nähe von Florenz.«

Wenn ich Florenz besuche, komme ich meist von Süden her – ideal, um die Aussichtswarte an der Piazzale Michelangelo aufzusuchen und den Panoramablick auf die Stadt zu genießen. Wenn Sie das erste Mal in Florenz sind, können Sie mit dem Bus hinauffahren und sich von oben einen ersten Überblick verschaffen. Sie sehen den Arno, der sich durch die Stadt schlängelt, von Brücken überspannt, eine davon der Ponte Vecchio, sehen die Stadt unter den Dächern und die Hügel rundherum. Und Sie erkennen die Hand Giottos, Leonardos, Michelangelos, Botticellis. Können den schmucklosen, rohen Palazzo Pitti erkennen, auffallend durch seine erhöhte Lage, wirksam erst in der Distanz. Sie machen unschwer die riesige Kuppel und den Campanile des Doms aus, der mit dem Palazzo Vecchio die Altstadt beherrscht. Sie können die Reste der Stadtmauer mit ihrem Zinnenkranz ausfindig machen, die Stadttore und die Rudimente der hohen und wuchtigen Türme, Ende des 12. Jahrhunderts Wohnsitz der Adelsfamilien.

Schön ist es auch, im Mussolini-Bahnhof Santa Maria Novella durch die Vorstadt einzufahren. Da Florenz teuer ist, können Sie von Ihrem Landsitz aus auch wiederholt einen Tag in Florenz verbringen. Das Netz der Regionalbahnen ist hervorragend und eine Reise von einem Städtchen zum anderen sehr zu empfehlen, mit ein bißchen Phantasie eine geradezu beschauliche Fahrt von Olivenbaum zu Olivenbaum, wie in einer Kutsche zu Goethes Zeiten.

Wenn Sie den Platz vor dem Bahnhof überqueren und über die Via dei Banchi und die Via de' Cerretani durch die Altstadt spazieren, kommen Sie direkt auf den Domplatz zu – in fünf Minuten sind Sie dort. Bereits jetzt wissen Sie, warum Mario, ein waschechter Florentiner, so gut wie nie die Innenstadt betritt: es wimmelt von Touristen. Sie aber haben genug von der Ruhe auf dem Land und saugen begierig den Benzinduft ein. Endlich Autos, Menschen, Enge, Lärm, Geschäfte und Boutiquen!

Sie ahnen bereits, wofür ich jetzt plädiere: das Café. Billig sind sie nicht, die Cafés um den Dom, doch das Panorama ist es wert. Schon allein der Platz! Immer wundere ich mich, wie heimelig und abgeschlossen er trotz dieser Touristenströme wirken kann. Sein Charakter ist fast mütterlich, und wie jeder gute Platz stimmt er friedlich und aufnahmebereit, als hielte er die Welt zusammen. Hier sitzen auf den Stufen zum Dom die Schulklassen aus England und Frankreich neben Afrikanern, Türken, Indern, Japanern und Italienern, schlagen Arbeitslose, die noch bei *mamma* wohnen, die Zeit tot. Hier sitzt auch ein vorwitziger Dieb, dessen Hand in die Tasche einer Dame vor ihm zu greifen versucht und der, als sie sich umblickt, mit einem reizenden Lächeln und einem *scusi* seine Hand zurückzieht, als hätte sie frecherweise ohne sein Wissen zugelangt.

Alles ist auf diesem Platz versammelt, die ganze Kunst dieser Stadt, rundum Kunstdenkmäler, über und unter der Erde, in den Lüften. Kleine Wohnhäuser mit winzigen Türen wie für Kinder gemacht und riesige Bauten wie der Dom, der Bargello, der Palazzo Strozzi, der Palazzo Pitti stehen beieinander. Wenn Sie die Gelegenheit haben, gehen Sie einmal in ein solches Zwergenhaus hinein: Da ist Weite, Raum, Atem, Ordnung, aber alles in Maßen. Die einen zum Wohnen, die anderen, die Paläste, weil wir etwas brauchen, zu dem wir aufschauen können.

Der Boden birgt den Extrakt der Geschichte, ein versunkenes Rom: Reste römischer Bäder und Tempel, eines Kapitols, eines Äquadukts, eines Theaters und eines Forums. Der alte Mythos um die Sagengestalt Fiorino ist den Florentinern noch gut bekannt. Fiorino war ein edler römischer Krieger, der an der Furt des Arno ein Lager errichten ließ, dort, wo heute Florenz steht, das der Legende nach Cäsar selbst um 60 vor Christus gegründet hat. Die Einwohner des ehemaligen Florentia sind stolz darauf, römischer Herkunft zu sein.

Es gibt wenige Städte in der Welt, die gelungen sind, und das vom Mauerring begrenzte Florenz ist eine solche Stadt. Wenn Sie nicht nach einzelnen Sehenswürdigkeiten suchen und sich den authentischen Blick bewahren, dann erfassen Sie auch heute noch die Imagination der Medici und das jahrhundertealte Leben der Florentiner. Sie ahnen, wie planvoll sie ihre eigene ästhetische Ordnung schaffen. Schließlich ist Florenz dafür gemacht, bewohnt zu werden, und das heißt in erster Linie: Spazieren Sie durch die Straßen, essen Sie in einer Osteria, trinken Sie einen Kaffee, besuchen Sie die Messe oder den Markt, plaudern Sie auf der *piazza* oder sehen Sie einfach irgendeinem hübschen Mädchen zu.

Es ist schließlich eine merkwürdige Unart, die sich durch den Tourismus eingebürgert hat, in den Städten die Sehenswürdigkeiten abzuhaken: Zu Hause kommen Sie ja auch nicht darauf. Da genügt es Ihnen, am Triumphbogen vorbeizugehen oder das Steueramt im alten Schloß aufzusuchen. Je mehr Sie müßiggehen in einer fremden Stadt, desto genauer wird Ihre Vorstellung davon, wie die Bewohner das architektonische Angebot nutzen. Und desto genauer wird auch Ihr historischer Blick.

»Er war von hohem Wuchs, quadratischem Körperbau, hatte eine breite vorspringende Brust, nervige Arme, kräftige Gelenke, einen zusammengepreßten Bauch, breite Oberschenkel, über Gebühr ausgeprägte Waden, lebhafte Augen, scharfen Blick, braune Hautfarbe, üppigen Haarwuchs, lange, schwarze, von der Stirn in den Nacken zurückgeworfene Haare. Tüchtig im Reiten und im Bogenschießen, ausgezeichnet im Springen und in anderen körperlichen Übungen, fand er größtes Vergnügen an der Jagd. Hohen Mut und zähe Standhaftigkeit besaß er, hing der Religion und den guten Sitten an, liebte besonders die Malerei und die Musik und jede Art anmutigen Ausdrucks. Er hatte eine nicht unangemessene Begabung für die Poesie und schrieb mehrere toskanische Versdichtungen von wunderbarem Ernst und voll guter Sentenzen. Gern las er Liebesgedichte; war redegewandt und voll kluger Vorsicht, nicht aber geistesgegenwärtig.« Und das ist keineswegs alles, was Angelo Poliziano im 15. Jahrhundert über Giuliano de' Medici schrieb. Haben Sie Lust, die Stadt auf den Spuren der Medici zu erforschen? Oder auf denen von Michelangelo, Leonardo, Masaccio, Giotto, Alberti, Brunelleschi oder Pontormo? Wählen Sie aus und wandeln Sie! Über die Medici und meisten Künstler sind gerade in letzter Zeit wunderbare Werke erschienen, die Sie informieren. Zuletzt veröffentlichte die Historikerin Anka Muhlstein ein Buch unter anderem über Katharina von Medici und Maria von Medici: »Königinnen auf Zeit«. Wählen Sie aus! Florenz läßt sich nur schwer in drei Tagen erobern.

Nehmen Sie sich Zeit für den 1296 begonnenen Dom, der nach den Plänen Arnolfo di Cambios entstanden ist und von Giotto um den Glockenturm erweitert wurde. Für die Florentiner ist die weithin sichtbare, viertgrößte Kirche der Christenheit ein »Bild des Himmels«. Gehen Sie um den

Sockel des Campanile und schenken Sie den sechseckigen Reliefäfelchen von Andrea Pisano und Luca della Robbia Ihre Aufmerksamkeit. Sie werden viel über die Zünfte, die Künste und das Alltagsleben im alten Florenz erfahren: Die Geschichte des Fortschritts der Menschheit wird am Beispiel der Florentiner Bürger erzählt. Was für Gesichter, Hände, Füße, Muskulaturen, Gewänder, Gesten, Posen! Alles kleiner als die Wirklichkeit, und doch hört man das Geräusch des Webstuhls, das Klopfen des Steinmetzen, die Schreie der Kinder, die Gebete und die Flüche. Betrachten Sie die Signoria aus der Distanz der früher wie heute hart besteuerten kleinen Leute, der Kleinhändler, Handwerker, Gewerbetreibenden und Wollenarbeiter – dort saßen die Vertreter der Zünfte.

Ein paar Schritte vom Dom entfernt liegt das Geburtshaus Dantes. Es ist alles andere als bewiesen, daß der große Dichter hier tatsächlich gelebt hat, aber ich komme gern her und bewundere diese geniale Fähigkeit Dantes, im Kleinen die größten Dinge zu sehen. Oder ich streife durch die Via del Corno im ehemaligen Arbeiterviertel, versteckt neben dem Palazzo Vecchio, um mir Vasco Pratolinis »Cronache di Poveri Amanti«, die »Chronik armer Liebesleute« aus seiner Perspektive, der Sicht eines italienischen, also unkonventionellen Marxisten, zu vergegenwärtigen. Die einfachen, bescheidenen und armen Menschen der Mussolini-Zeit besitzen bei Pratolini kraftvolle Eigenschaften, die sie zu etwas Besonderem machen. Man spürt, daß Pratolini die jungen Menschen seines *quartiere* (»Il quartiere« lautet der Titel eines Romans von 1944) liebt. Seine großangelegte »Una storia italiana«, »Eine italienische Geschichte«, sein bestes Werk, bekommen Sie in jeder Florentiner Buchhandlung.

Wenn ich durch Buchhandlungen und Antiquariate, die Uffizien und über den Markt bummele, ist oft Francesca dabei, eine Florentiner Freundin meines Sohnes. Ein schönes Mädchen mit einer Lockenpracht, geschlechtsbewußt, manchmal ein wenig narzißtisch. Ursprünglich war sie Restauratorin, hat aber, weil sie nur einen Hungerlohn verdiente, klaglos auf den Beruf der Dentistenassistentin umgesattelt. Sie raucht wie ein Schlot, ist immer in Bewegung und hält Schätze wie die Piazza, Michelangelos David oder gleich den ganzen Humanismus schlichtweg für Macho-Produkte. Ihr aufrührerisches Denken und ihre unbändige Art führt sie auf das Erbe der etruskischen Frauen, die den Männern die Stirn boten und am öffentlichen Leben teilnahmen, zurück.

Während wir in einer Buchhandlung stöbern, sprechen wir über unsere Lieblingsautoren. Über Romano Bilenchi und seine Suche nach der verlorenen ländlichen Jugend, oder Federigo Tozzi, Sohn eines gewalttätigen Bauern bei Siena und seinen Roman »Das Gehöft«, eine beunruhigende Erzählung. Oder Curzio Malaparte! Wir lächeln uns an – bei Francesca ist es ein feines, ein wenig zynisches, typisch toskanisches Lächeln. »Das sind wir. Die Toskaner. Florenz. Wir. Ich. Hier.« Wir reden über Malapartes Jahre bei den Faschisten, bevor er aus der Partei ausgestoßen und 1933 auf die Liparischen Inseln verbannt wurde, über sein Erztoskanertum, und wie er es genoß, seine toskanischen *compagni*, seine wesensgleichen Genossen, in seinem Buch »Maledetti Toscani«, »Verdammte Toskaner«, gleichermaßen zu umarmen und zu geißeln.

Seine sensationellen und wegen ihrer ungewöhnlichen Realistik nach Erscheinen in den vierziger Jahren heftig umstrittenen Bücher »Kaputt« und »Die Haut«, in denen er seine Eindrücke als Kriegsberichterstatter aus dem Osten und später als Verbindungsoffizier der amerikanischen Streitkräfte schildert, haben wir beide verschlungen.

Beide sind wir begeisterte Leserinnen der italienischen Literatur von Frauen. Da wären vor allem die Namen von sechs Autorinnen: Elsa Morante, Anna Maria Ortese, Natalia Ginzburg. Und drei weitere Schriftstellerinnen, die aus der Toskana stammen: Anna Banti, Gianna Manzini und Dacia Maraini.

Anna Banti mußte lange um ihre Anerkennung kämpfen, bis es die gebürtige Florentinerin und Frau des berühmten Kunsthistorikers Roberto Longhi schließlich 1947 mit »Artemisia«, dem biographischen Roman über eine Malerin im 16. Jahrhundert, schaffte. Gianna Manzini wurde siebzig, ehe sie sich ans Grab des Vaters – und an ihren Roman über ihn wagte: »Ritratto in Piedi« heißt das Buch über ihre Kindheit und die Gestalt ihres Vaters, erst Freund, dann Feind Mussolinis, als der den Sozialismus verriet.

Schriftstellerinnen wie Anna Banti und Gianna Manzini haben einen wesentlichen Anteil an der Bedeutung und Entwicklung der Frauenbewegung in Italien. Besonders wichtig ist jedoch Dacia Maraini, die bekannte toskanische Schriftstellerin und Journalistin, die sich immer wieder kritisch mit den Lebensbedingungen der Frau von heute auseinandersetzt.

»Das ist kein Postkarten-Italien«, sagt Francesca, »sondern eins, in dem man sich wiedererkennt. Sie schreibt das, worauf es ankommt. Gerade für uns Frauen.« Die in Florenz geborene Tochter des Ethnologen Fosco Maraini hat sich nicht nur in engagierten Texten stark am Leben der italienischen Frauen ihrer Generation beteiligt, sie ist auch auf Demonstrationen zu finden. Ihre persönliche Metapher ist das Wort Emanzipation. Wie ein Leitmotiv durchzieht diese Thematik ihre ins Deutsche übersetzten Bücher, die sie mit viel Humor und Vehemenz in Szene setzt.

Später gehen wir in die Uffizien. Ich sehe mir jedesmal nur ein paar Bilder an. Sonst verlieren die Bilder für mich ihre Kraft.

Francesca zieht mich vor Paolo Uccellos Bild aus dem

Zyklus »Die Schlacht von San Romano«. Faszinierend finden wir diese Ansicht geharnischter Reiter und Pferde, die auf uns heute eher so wirken, als machten sie sich auf zum spielerischen Treiben, farbenreich aufgeputzt, mit Armbrüsten und Hellebarden. Dabei waren sie natürlich unterwegs, um mit heruntergelassenem Visier so viel Tod wie möglich in die Reihen der Gegner zu bringen.

Das überraschende Bild »Judith, die Holofernes umbringt« von Artemisia Gentileschi, der Tochter des berühmten Malers Orazio Gentileschi, eines Caravaggio-Schülers, hält uns fest. Ihre Werke, lange von der offiziellen Kunstgeschichtsschreibung verkannt, sind in den Uffizien und im Palazzo Pitti zu sehen. »Ihre Waffe war, immer markanter und wilder zu malen, mit düsteren Schatten, Lichtern wie beim Wetterleuchten, Pinselstrichen wie Schwerthieben«: Die Schriftstellerin Anna Banti hat in einem aufregenden Künstlerroman das Leben dieser ungewöhnlichen, 1593 in Rom geborenen Malerin geschildert, die in die Welt der Kunst hineingeboren – und auch ihr Opfer wurde. Denn der Maler Agostino Tassi, von ihrem Vater beauftragt, Artemisia die Perspektive zu lehren, vergewaltigte sie. Es war ein aufsehenerregender, in ganz Rom diskutierter Prozeß, bei dem die junge Frau zur Schuldigen erklärt wurde, weil sie den Mann verführt habe. Um nicht als »gefallenes Mädchen« diffamiert zu werden, heiratete sie einen Florentiner, dann brach sie die Verbindung zu ihrem Vater ab.

Sie wollte malen. Dazu geboren, mit dem Pinsel zu sagen, was andere Frauen nicht auszusprechen wagten, lernte sie, männliche Heuchelei und angebliche Humanität mit ihren kühnen Bildern zu bekämpfen. Dramatisch und intelligent verarbeitet sie ihre Wut, mischt furchtlos und kühl ihre Farben, um die Verwachsungen und scheelen Augen der Männer in ihren Bildern bloßzulegen.

Artemisia Gentileschi bekennt Farbe. Judith, das ist sie

selbst. Nicht die Frau, sondern der Mann ist es, der den Kopf verliert. Doch Artemisias Judith tötet nicht, weil sie es gern tut oder weil sie nicht anders kann. Sie tötet – bemerkenswertes Detail: aktiv unterstützt von ihrer Dienerin –, weil es an der Zeit ist, mit Männern wie Holofernes Schluß zu machen.

Der Roman wäre beinahe nicht erschienen: Das erste Manuskript verbrannte bei den Bombenangriffen auf Florenz 1944, 1947 rekonstruierte Banti aus dem Gedächtnis eine Neufassung; und erst 1989 wurde das Buch von der Kritik gefeiert.

An den Warteschlangen vorbei verlassen wir diese herrliche Gemäldegalerie. Florenz ist übrigens die heißeste Stadt Italiens, da es in einem Kessel liegt, und für eine Visite im August nicht zu empfehlen. Auch können Sie einen Uffizien-Besuch kaum spontan beschließen. Sie müssen sich erst eine Karte reservieren. Manchmal erhalten Sie ein Tikket erst für den nächsten Tag.

Dann sollten Sie es machen wie wir: Gehen Sie auf den Markt, dort spüren Sie die Stadt! Es gehört zu Italien, auf den Markt zu gehen. Lassen Sie sich vom Duft den Kopf verdrehen, nach Fisch und Gewürz, nach griechischen, türkischen, spanischen Früchten, nach Zimt und Trauben, und davon, wie er sich zwischen den Ständen fängt und verdichtet. Hier riecht es nach Orient. Nehmen Sie sich die Zeit, mit den Verkäufern zu schwätzen und sich ein wenig umzusehen, nur so. Und wenn Sie die arrangierten Früchte sehen, die Pyramiden aus Kürbissen, Tomaten und Zwiebeln, die vibrierenden Trauben, die drapierten Tintenfische und Kalamari, die Fischplatten und Fleischarrangements, die Käselaibe und dunkelroten Schinkenhälften, dann werden Sie die Maler von Stilleben verstehen.

Mediterranes Glück. Es ist etwas Starkes, das uns hintreibt – die Kunst zusammenzuleben.

Anschließend schlendern wir durch die Stadt, von der die Engländerin Magdalen Nabb, die dort ihre Krimis schreibt, sagt, sie sei sehr geheimnisvoll und kehre dem Besucher den Rücken zu. Da ist was dran. Deshalb empfehle ich, den Führer in die Tasche zu stecken und sich sorglos anzueignen, was sich Ihnen zeigt. Wollen Sie die Florentiner verstehen, müssen Sie sich immer vor Augen halten: was hier zählt, ist immer noch das Volk. Nicht die Bürger, die in den schönen Villen in Florenz oder außerhalb wohnen und ihre Türen verrammeln, im Sommer die Fenster schließen und die Klimaanlagen auf Hochtouren laufen lassen, um auf die schwefeligen Schmutzschwaden der Stadt herabzublicken, auf die Enge der von Mopeds verstopften Straßen, den Hundekot, die Coladosen und Pizzareste am Boden und die Spritzen im Rinnstein. Es sind die Besitzer der kleinen Cafés, der Trattorien, der kleinen Geschäfte, die Arbeiter und die Angestellten, die dort unter den Touristenmassen leben müssen. Deren Kinder, wie es abends in den Nachrichten heißt, am nächsten Tag den Aufenthalt im Freien meiden sollten, um der übelriechenden Suppe aus Abgasen und Kanalisationsgestank zu entgehen.

Genießen Sie für eine Weile die multikulturelle Umgebung, und hören Sie an der Piazza della Repubblica den Schlager »Bambina« auf Arabisch und Griechisch. Vor dem Caffé »Giubbe Rosse« singen die Völker gegeneinander an. Die Küsten des Mittelmeeres rücken immer näher aneinander heran und vermischen sich wie die Menschen. Florenz ist eine Stadt, in der die alten toskanischen Lieder wie »Bella ciao« ebenso ihren Platz haben wie Jazz, Rap, Rai, Reggae und Schlagermusik. Flamenco-Gruppen, südamerikanische Sänger, Zigeunermusik, indische und jüdische Tanzgruppen, Karaoke, die Barmusik Paolo Contes, Trommeln und Tamburinen, Querpfeifen und Harmonika, Verdi, Puccini oder Bach.

Hierin ist Florenz Großstadt.

Francesca und ich machen jetzt eine Pause im historischen Literaturcafé »Giubbe Rosse«, im »Café der Roten Jacken«, das nicht etwa nach den Militärs, sondern schlichtweg nach den roten Jacken der Kellner benannt wurde. Die Brüder Reininghaus haben das Kaffeehaus zu Beginn des 19. Jahrhunderts gegründet und von hier aus die Stationen des Futurismus begleitet. Die berühmten Zeitschriften »La Voce«, »Lacerba«, »Solaria« wurden hier aus der Taufe gehoben, und die streitbaren Künstler, Literaten und Verleger gingen hier ein und aus: Filippo Tommaso Marinetti, Giovanni Papini, Giuseppe Prezzolini, Dino Campana, Carlo Emilio Gadda, Umberto Boccioni, Eugenio Montale.

Am späten Nachmittag kommen auch heute die Dichter- und Künstlergestalten. Einige tragen den Hut im Nacken, andere halten die erloschene Zigarette im Mundwinkel. Ein Männerpärchen stolziert aufrecht in weißen Leinenjacken herein. Andere tragen die Kappe über der Stirn oder Baskenmützen auf einem Ohr. Sie versammeln sich hier, gehen zwischendurch allenfalls noch zum Essen, und abends treffen sie sich wieder und sprechen über Neuerscheinungen und Verlage, über ihr neuestes Werk und die aktuellen Rezensionen in der »Repubblica«.

Hier können Sie sich besser als in der nächsten Buchhandlung informieren. Hier liegen die Neuerscheinungen mancher Lyriker und die neuesten literarischen Hefte aus. Hier können Sie stundenlang in den Zeitschriften der Antiquariate und der Poesie blättern. Hier finden Sie die kulturellen Geheimtips von Florenz, die Prospekte der kleinen Theater, der Fotoausstellungen und der Werkschauen moderner Künstler, die Verzeichnisse der Veranstaltungen zu: Film, Musik und Theater, Kunsthandwerk, Filmhochschule, Lyrikrezitationen und Lesungen. Im *caffè* selbst finden in loser Folge Lesungen und Vorträge statt.

Ein regelrechtes Bedürfnis ist mir ein kurzer Besuch in der Biblioteca Laurenziana hinter dem Kreuzgang der Renaissancekirche San Lorenzo, das mache ich jedes Mal. Wir durchqueren Filippo Brunelleschis herrlichen Klosterhof aus dem 13. Jahrhundert und betreten über die Treppe die von Cosimo dem Älteren gegründete und von Lorenzo dem Prächtigen später vergrößerte Bibliothek. Architektur und Dekoration, nach Entwürfen Michelangelos ausgeführt und von Vasari vollendet, sind von großer Schönheit, auch die Bänke und Pulte hat Michelangelo entworfen. Eine der großartigsten Bibliotheken der Welt mit einer kostbaren Sammlung von Gesetzbüchern, Handschriften und Miniaturen. Auch das Gebetbuch von Lorenzo dem Prächtigen ist hier zu sehen.

Ich liebe dieses Fast-Weiß und Dunkelgrau des Lesesaals – die gleichen Farben wie in der Neuen Sakristei – und die klare Gliederung der Fensterfront durch Pilaster. Doch vor allem der Treppenaufgang zum Lesesaal hat es mir angetan. Die ein wenig vorschwingenden Treppen sind jeweils an den Enden zu einer Schnecke zusammengerollt.

Die herrliche Fassade der Kirche San Lorenzo wurde von Michelangelo entworfen. Der Architekt Brunelleschi hat den nüchternen Geist der Renaissance in Florenz in diesem Bau umgesetzt. Den harmonischen Innenraum mit Bronzinos großem Fresko am Seitenschiff, Brunelleschis Sakristei mit der Kuppel mit Lichtschacht und den erlesenen Gemälden betreten wir jetzt nicht. Denn mindestens zwei große Gruppen aus den siebentausend Bussen, die jährlich für eine Gebühr von je 155 Euro die Stadt ansteuern, strömen soeben in die Kirche.

Jetzt noch einen Abstecher zu Santa Maria Novella, der vielleicht berühmtesten Kirche von Florenz. Die Fassade der Dominikanerkirche ist ein Meisterwerk Leon Battista Albertis, der nicht nur Architekt, sondern auch Gelehrter,

Autor, Chronist, Mathematiker, Maler, Theaterautor, Komponist, Gesellschaftstheoretiker und Leistungssportler war. Alberti war ein Verfechter von Genauigkeit und maßvollem, klassischem Baustil, womit er sich bei den allen Regeln und Lehren abgeneigten Toskanern keine Freunde machte. So verlegte er seine strenge Vorliebe für Formen nach Mantua und Rimini. Doch die Inspiration für seine lebenslangen Experimente in Kunst und Literatur bezog er zweifellos aus seinen frühen Florentiner Erfahrungen. Anthony Grafton hat vor kurzem die Biographie dieses *uomo universale* veröffentlicht, die uns Aufschluß über ein außerordentliches Leben im 14. Jahrhundert gibt.

»Alberti hat den Künstlern des *quattrocento* viele Anregungen gegeben«, weiß Francesca. Sein Rat: ein dünnes Netz zu spannen, das das zu malende Objekt in kleine Felder zerlegt. Leonardo und Dürer haben so gearbeitet.

Sie haben sich bis zur Erschöpfung mit Fragen der Perspektive herumgeschlagen, die Florentiner Maler. Ucellos Gattin berichtete, daß ihr Mann nie zu Bett gehen wollte, von dieser *cosa dolce* fasziniert. Brunelleschi, Schüler des berühmten Florentiner Mathematikers Toscanelli, entdeckte wesentliche perspektivische Gesetze und konstruierte einen Vorläufer der *camera obscura*, die erst im 16. Jahrhundert erfunden wurde. Lorenzo de' Medici besaß eine Uhr, die nicht nur die Zeit, sondern auch Sonnen- und Planetenstand, Sonnen- und Mondfinsternisse und die Tierkreiszeichen anzeigte. Ein gewisser Salvino degli Armati soll die Brille erfunden haben. Die Florentiner bauten das erste Observatorium der Welt, sie schätzen optische Instrumente und Geräte und stellen sie bis heute her, schon allein, um den Lauf der Himmelskörper und die Gesetze für Entdeckungsreisen der Seefahrer zu erforschen.

Die Florentiner waren stets dem Fortschritt zugeneigt, sie sind durch und durch modern und wollen keinesfalls

Bewohner eines Museums sein. Hier sehen sie stets modern und elegant gekleidete Frauen – und auch die neuesten Vespamodelle, allein am Bahnhof, an dem täglich fünfhundert abgestellt werden.

Im 19. Jahrhundert, als man dem Dom eine neue Fassade verpaßte und das Stadtzentrum modernisierte, hat man auch den Triumphbogen der Moderne auf der heutigen Piazza della Repubblica aufgestellt, wild entschlossen, sich nicht vom Althergebrachten regieren zu lassen. Mit einer gewissen Skepsis lesen wir die erhabene Inschrift, daß man eine neue Ordnung und Schönheit an die Stelle der alten Ärmlichkeit gesetzt habe.

Aufreibend war in der Tat der unendliche Kampf um das historische Erbe, das für die Florentiner auch ein Alptraum ist: »Die Stadt gleicht einem riesigen Familienbesitz«, schreibt Mary McCarthy in ihrem Buch »Florenz–Venedig«, »dessen Erben ihn nicht erhalten können und sich obendrein noch von Fremden kritisieren lassen müssen.« Korrosion, Schimmel, Hochwasser- und Umweltschäden, Benzindämpfe und Abgasschwaden, Schmutz und saurer Regen, das alles verschlingt Unsummen, von den Kosten für die Restaurierungen der Gemälde ganz zu schweigen. Und kaum ist ein Gebäude gereinigt, ist es auch schon wieder verschmutzt.

Kein Wunder also, daß man Sie kräftig zur Kasse bittet. Und wenn Sie das verstimmt, nun gut, denken die Florentiner, dann sind wir Sie wenigstens los! In Florenz haben Touristen ein schweres Leben. Hier reißt man sich der Fremden wegen kein Bein aus. Häufig werden Sie auf jene Toskaner stoßen, die Malaparte *barlacci*, die Muffigen, nennt und die Sie sonst bestenfalls in der Banca Toscana finden. Ihnen ist kalt? Klar, nickt der Wirt, es ist schließlich Dezember! Doch um Ihre Heizung kümmert er sich deswegen nicht. Auf der Straße gibt man Ihnen halbherzig Auskunft, so in etwa: da lang. Allenfalls noch in Venedig sind die Kellner so achtlos und ist das Essen so selten gut, aber teuer. (Teuer und gut essen Sie übrigens im »Cìbreo« bei Fabio Picchi, wo es alte Florentiner Gerichte gibt.)

Wir bummeln noch über die Via Tornabuoni und betrachten die Auslagen der teuren Geschäfte. Das urbane Florenz ist auch eine Modestadt. Hier gibt es wunderschöne, auch handgefertigte Schuhe, Handtaschen und Lederjacken. Hier haben Modeschöpfer wie Gucci ihren Sitz. Strick, Korbwaren, Keramik, Tücher, Stickereien, Möbel, Stoffe und Dekors, Antiquitäten und Schmuck, Porzellan und Kunstblumen, Briefpapier und Schreibwaren, verzierte Hefte, Mappen und Ordner, grazile Fahrräder in Pastellfarben mit gleichfarbigem Körbchen – hier können Sie abwechslungsreicher Geld loswerden als in Venedig oder Rom.

Dann machen wir einen kurzen Gang über den Ponte Vecchio, die alte Brücke, und alt ist sie in der Tat: Sie steht dort, wo es schon zu Etruskerzeiten eine Brücke gab. Wie Schwalbennester hängen die pastellfarbenen Häuschen außen an der Brücke, in der Mitte an einer Seite von einer Loggia unterbrochen, auf der anderen Seite offen, um einen Ausblick auf den Arno und die Stadt zu bieten. Früher herrschten hier die Fleischer, die ihre Abfälle kurzerhand in den Arno warfen. Cosimo I. hat dieser Schweinerei ein Ende gemacht und nur noch Goldschmiede und Juweliere auf der Brücke zugelassen.

Ich suche nach alten Ohrringen, doch ohne Erfolg. Antiken Schmuck gibt es hier kaum mehr.

Unterwegs ißt Francesca eine Portion *trippa alla Fiorentina*, Kutteln nach Florentiner Art, die ihr ein Händler zwischen die Hälften eines *panino* legt, mit Salz und Pfeffer und einer milden grünen Sauce gewürzt. »Du auch?« Ich schüttle den Kopf. Die Vorliebe der Florentiner für Innereien, diese »Armeleutespeisen«, teile ich nicht.

Über die Santa-Trinità-Brücke aus dem 16. Jahrhundert, ein Projekt Cosimo I., geht es zur Altstadt zurück. Die Wissenschaftler streiten sich immer noch über das Geheimnis der dreifach geschwungenen Brückenbögen, vielleicht aus freier Hand, vielleicht von Michelangelo entworfen.

Toskana flüssig

Für Mario ist das weiße, geschwungene, steinerne Tor, das zu seinem Weinberg führt, die Pforte zum Himmel. Und tatsächlich liegt sein Weinberg auf einem Hügel, der bis in den Himmel aufsteigt. Sonne, Meer, Rosmarin, Knoblauch, Schafgarbe, Rose und Minze, all das geht ein in seinen Wein, die Anima dieses Landes. Es ist ein herber, dunkelroter Wein, der die Zunge färbt und aus weißen Kleidern nicht mehr herauszuwaschen ist. Unter den Rebstöcken ruht die immer wieder umgeackerte, rötliche Erde und wartet auf die süßen, dunkelvioletten Früchte.

Allein die Tatsache, daß Mario, dieser pragmatische Florentiner, vor die einfachen Rebstockreihen das weißleuchtende Tor wie einen Bühnenvorhang gezogen hat, birgt etwas Magisches, als existierte dahinter ein Theater, von dem ich nur ahnen kann. Es ist so etwas wie ein Raum, der Mario verbirgt, den er aber gern betreten würde. Es kann kein Zufall sein, daß er sich gerade dort eine Bank gebaut hat. Da sitzt er manchmal am Abend und träumt. Seine Träume sind, fühle ich, toskanischer Natur. Von seiner Frau, deren schrille Stimme manchmal zum Hügel dringt, träumt er sicher nicht.

Es ist eigenartig. Es wimmelt von Faunen und Bacchus-Darstellungen in den Uffizien, rotbackig und taumelig, einen Kranz Reben auf dem Haupt und bis obenhin mit Wein abgefüllt. Doch in den dreißig Jahren, die ich das Land kenne, habe ich kaum einen Betrunkenen gesehen.

Die Toskaner sind ein Volk der Nüchternen, durch und durch. Sie trinken nie, um an ihre Grenzen zu gelangen oder sich zu befreien. Sie überschreiten die Grenzen im Kopf. Es wäre in der Tat sehr untoskanisch, den Hut theatralisch auf Sturm, durch die Gassen zu taumeln – die Toskaner sind viel zu hochmütig, um das zu riskieren. Außerdem ist den Toskanern nichts mehr zuwider, als ein Verstoß gegen die Potenz. Die Potenz ist eine heilige Sache.

Nicht, daß sie immer Gebrauch davon machten, Hauptsache, sie ist da: Sie werden es wiederholt beobachten, wie sie beschwörend ihre Leiste berühren. Und das Symbol für all das, was sein könnte, für Paradies und hitzige Träume und den einzigartigen Rausch, ist der Wein. Und an dem fehlt es nicht: was die DOC- und DOCG-Qualitätsweine betrifft, liegt die Toskana in Italien mit über elf Prozent auf Platz drei (insgesamt auf dem achten Platz). Beim Export befindet sich die Toskana mit dem beliebten Chianti Classico an der Spitze. Fast könnte der Chianti als die älteste Weinsorte der Toskana gelten. Schließlich kultivierten dort bereits die Etrusker den Rebstock, was nachgewiesen werden kann durch ein Dokument von 1398. Wäre da nicht ein anderer urkundlicher Beleg aus dem Jahr 1276, der den weißen Vernaccia von San Gimignano erwähnt.

Kritische Geister glauben, daß die Chianti-Zone um Greve des Weines wegen als Sitz der sogenannten Toskana-Fraktion gilt. Hier liegt zumindest die Laufstrecke Joschka Fischers, der in seinem Buch »Mein langer Lauf zu mir selbst« beschreibt, wie gefahrvoll und steil, mit Anstiegen von 1,2 Kilometern und Abschnitten von 16 bis 20 Prozent seine »Hausstrecke« ist: »... sinnigerweise beginnt dieser Weg an einem Friedhof und endet an einem ebensolchen.«

Zwar hätten unsere Politiker gewiß mangels etruskischer Wurzeln weniger Hemmungen, sich am Chianti zu besaufen, doch mit der Toskana, das muß man wissen, hat der Begriff Toskana-Fraktion nichts zu tun. Nach Peter Glotz ist es ein »deutscher Kampfbegriff«, dessen Entstehung nicht mehr genau zu rekonstruieren sei. Jedenfalls nannte der Publizist Johannes Gross Anfang der neunziger Jahre einmal ein paar führende SPD-Politiker »Junge Taugenichtse« und verstand darunter die »mittelalten, flippig auftretenden Herrschaften, des Italienischen nicht kundig, aber mit Häuslein in der Toskana ausgestattet«. Gemeint gewesen sei ein Lebensstil, ein Typus, ein Meinungsstrom, der blitzschnell Assoziationen mit sich riß: trockener Weißwein, Seidenhemden, Nachdenklichkeit, Genußfähigkeit, Faulheit. Kurz: Engholm, Klose, Lafontaine. »Als Haken diente eine Landschaft: die Toskana.« Man müsse, so Glotz, bei den Toskanern um Vergebung bitten für den symbolischen Mißbrauch ihrer Heimat.

Stichwort trockener Weißwein: Die Toskana ist eine Rotweingegend, die Weißweinernte beträgt nicht mehr als siebenundzwanzig Prozent. Der Klassiker ist der Vernaccia di San Gimignano aus der Vernaccia-Rebe, gut auch der Montecarlo von Lucca aus der Trebbiano-Rebe. Wenn es heiß ist, trinke ich gern Weißwein aus Pitigliano. Die weißen Landweine unseres Nachbarn Mario haben einen kräftigen, eigenwilligen Geschmack.

Nicht umsonst haben die Deutschen 1944 in der Toskana die Weinkeller der Bauern bis auf den letzten Tropfen geleert: der Brunello von Montalcino – der erste italienische DOCG-Wein überhaupt –, der Chianti Classico, der Vino

Nobile di Montepulciano und der Rosso di Montepulciano, der Rosso di Montalcino, der Marittima und der Morellino di Scansano sind hervorragende Weine.

Der Brunello, der Montalcino in der ganzen Welt bekannt gemacht hat, ist ein neuer Wein. Den unverwechselbaren Charakter erhielt er erst, als der Weingutsbesitzer Ferruccio Biondi-Santi nach zehnjährigen Experimenten aus der Sangiovese-Traube den Sangiovese grosso züchtete, den er Brunello nannte. Dreizehnhundert Hektar sind rund um Montalcino inzwischen allein für den feurigen Brunello bestimmt. Der Wein, der im Anbaugebiet abgefüllt werden muß, hat mindestens zwölfeinhalb Prozent Alkohol und darf erst fünf Jahre nach der Ernte zum Verkauf angeboten werden. Von den fünf Jahren Lagerzeit sind zwei Jahre im Eichenfaß obligat. In der »Fiascheria Italiana« in Montalcino können Sie die verschiedenen Sorten probieren. Eine toskanische Spezialität ist der Vin Santo, der heilige Wein, ein sehr lieblicher, fast sirupartiger Weißwein, in den man an Festtagen die mürben bis harten *dolci*, die süßen Plätzchen, tunkt. Mario trocknet seine Trauben in einem luftigen Schuppen und preßt sie erst, wenn sie fast schon Rosinen geworden sind. Den süßen Most verschließt er in einem kleinen Faß und vergißt es über mehrere Jahre. Neulich hat er in seiner *cantina* einen Vin Santo gefunden, der zehn Jahre alt war. Er hatte stark an Flüssigkeit verloren, war goldfarben und schmeckte sehr intensiv. Dazu gibt es *cantucci*, ein mürbes Mandelgebäck.

Wenn Sie eine Probiertour durch die Toskana unternehmen wollen, so gibt es inzwischen gut organisierte Weinstraßen, die Strade del vino, fünfzehn an der Zahl, die sich durch die toskanischen Hügel winden. Nahe bei uns liegt die »Strada del vino di Massa Marittima« und die »Strada del vino dei colli di Maremma«. Wie auch für Gärten, Olivenhaine, Medici-Villen oder Fattorien können Sie spezielle

Führungen für die Weinstraßen buchen. Sie sind im übrigen gut ausgeschildert und leicht zu finden.

Mein Unterricht in Sachen Wein ist Marios Weinberg. Im Juni steige ich zu ihm hinauf und probiere den neuen Wein vom letzten Jahr. Wir nehmen jeder einen Schluck und blikken uns an. Es gibt Himmel und Erde, Jahreszeiten und ihre Wiederkehr, es gibt Verluste, und es gibt Träume, doch der Wein entsteht jedes Jahr neu. *»Corpo di baccho!«* ruft Mario dann aus, »das ist ein Wein, Honig für die Seele!«

Die Deutschen und die Toskana

Man muß die Toskana gelebt und erlebt haben – und sehr gut kennen, um gegen die romantischen Gemeinplätze angehen zu können. Nicht nur über das Schöne zu reden, sondern auch über das Schindluder, das damit betrieben wird. Die Toskanaverklärung läuft mehr denn je auf vollen Touren. Doch Verklärung setzt nichts in Gang.

Mir liegt nichts an Verbrämungen. Meine Liebe zu diesem Land hat viele Risse erfahren, und Illusionen sind gebröckelt. Sicher ist das gesünder und rückt manches zurecht. Da bin ich kritischer als mancher der Deutschen, Schweizer und Engländer, die sich hier angesiedelt haben und die sich regelmäßig treffen, um die Toskana zu lobpreisen.

Ich sehe nicht, wie sich ein Absturz bei den meisten hätte vermeiden lassen. Nach zwanzig Jahren sieht alles anders aus. Der Lobgesang ist verstummt. Einige verkaufen ihre Häuser und kehren wieder nach Deutschland zurück. Ihre unbedingte Toskanatreue ist in eine spürbare Enttäuschung umgeschlagen. Der jahrzehntelang gehegte, dickköpfige

Entschluß, hier alles schön zu finden und die anhaltende Unterdrückung ihres Verstandes haben das Gegenteil bewirkt. Jetzt sprechen sie anders über die Toskana. Spöttisch, anzüglich oder aufgebracht. Sie entrüsten sich über Behördenwillkür, fehlende Integration, einen Mangel an kulturellen Angeboten, Entstellung der Landschaft, Unwetter, Kälte, Teuerung, mangelhafte Krankenhäuser. In der Toskana alt geworden, haben sie Angst, auf das italienische Gesundheitswesen angewiesen zu sein.

Und in Deutschland? Kein großer Unterschied. Nach kurzer Zeit schnappt die Falle zu. Erstens hat niemand auf sie gewartet. Zweitens alles wie gehabt: die Leere, der Lärm, die Preise, die Kälte, das Gesundheitssystem.

Über Jahrhunderte hinweg wird von Deutschen behauptet, nun sei Italien wirklich am Ende. Zum zeitgenössischen Land hatten die wenigsten, nicht die Intellektuellen, nicht die Künstler, die sich hier oft für ihr ganzes Leben niederließen, eine intensive Verbindung. Wohl auch nicht genug echtes Interesse.

Die Toskana, das ist und war für die meisten Kunstreisenden des 19. Jahrhunderts das Land der Vergangenheit. Ihr Augenmerk richteten sie auf bedeutende, aber längst verstorbene Persönlichkeiten. Thomas Mann etwa macht in seinem Drama »Fiorenza« aus dem radikalen, ja fanatischen Dominikanermönch Girolamo Savonarola, der am Ende des 15. Jahrhunderts vier Jahre lang Demokratie und vor allem unbedingte Sittenstrenge für Florenz propagierte, gar einen deutschen Helden. Malaparte, der seine Toskaner besser kannte, beließ hingegen Savonarola in der florentinischen Tradition, für ihn war Florenz ohnehin »ein Käfig für Irre«: »Es wäre für mich das natürlichste Ding der Welt gewesen, wenn ich mich bei der Ankunft in Florenz inmitten geflügelter Menschen befunden hätte, zwischen Menschen mit grünen Haaren oder mit hundert Armen wie

Briareus oder mit nur einem Auge auf der Stirn wie die Zyklopen.«

Die Toskana, der Süden überhaupt läßt das Blut der Deutschen in den Adern wallen, das schätzt man – und nimmt man Übel. Thomas Manns Tonio Kröger sagt: »Die ganze bellezza macht mich nervös. Ich mag auch alle diese fürchterlich lebhaften Menschen dort unten mit dem schwarzen Tierblick nicht leiden. Diese Romanen haben kein Gewissen in den Augen.«

Deutsch sein in der Toskana, das hieß auch, sich mit Mauern umgeben, das hat Bernd Roeck in seinem Buch über das »Florenz 1900« sehr anschaulich beschrieben. Seit Wilhelm II., als sich die Deutschen nicht nur voll Eitelkeit als »tief«, sondern auch, trotz drohender Dauerkrise, als wirtschaftlich überlegen einschätzten, stolzierte man durch die Toskana mit vorgerecktem Kinn. »In der Stille dieser Stadt«, so die Schriftstellerin Isolde Kurz im 19. Jahrhundert, »lebten die Deutschen wie auf einer Geisterinsel, dem Lärm und Gehaste der Zeit enthoben.« Damit war es vorbei, als im Ersten Weltkrieg Deutsche und Italiener in Streit gerieten, weil Italien die Fronten wechselte und zu den Engländern und Franzosen überlief. Erst als sich herausstellte, daß weder Deutsche noch Italiener die Probleme der Nachkriegszeit in den Griff bekamen, fand man zu verhängnisvoller Gemeinsamkeit: Zwei Völker degenerierten zu faschistischen Diktaturen.

Doch der Freund und Verbündete, den Hitler gern in Italien gesehen hätte, war dieses Land nicht lange. Anders als Franco hängte sich Mussolini an Hitlers Blitzsiege, trat kurz vor der Kapitulation Frankreichs noch schnell in den Krieg ein und verwickelte Hitler in den Afrika-Krieg. Die deutsche Volksseele kochte, als Italien 1943 dennoch wieder einen Weg aus diesem zerstörerischen Krieg fand. Als die Deutschen Norditalien besetzten und ihre Schreckensherrschaft ausübten, ging man wieder auf Distanz.

Was das alles wirklich bedeutet, ist, daß die Beziehung zwischen Deutschland und Italien kompliziert ist. Ein ständiges Auf und Ab. Nie eindeutig, sondern immer ambivalent.

Unter Adenauer und De Gaspari kam es durch die Gründung der Europäischen Union zu einer Art von *gentlemen agreement*. Es war De Gaspari, der die Beziehung anbahnte und später auch das gemeinsame NATO-Bündnis, das die großen Männer der DC veranlaßte, die deutschen Kriegsverbrechen zu vertuschen. Was Andreotti nicht daran hinderte, zu äußern, niemand wünsche zu erleben, wie ein »Pan-Germanismus« ermutigt oder der Status eines der beiden Deutschlands in Frage gestellt werde. Entgegen anderslautender Gerüchte haben immerhin 79 Prozent der befragten Italiener die Wiedervereinigung Deutschlands begrüßt. Deutsche, die – nicht betrunken – sich am November 1989 auf der *piazza* umarmten, weinten und lachten: Das hat vorübergehend das Bild der Deutschen in Italien verändert. *Sono come noi!* Die sind ja wie wir!

Kurz darauf bläst in Deutschland ein anderer Wind: Korruption, Skandale, aufgedeckte Machenschaften der DDR, Bankrott der Regierung Kohl, Aktienbetrügereien großen Formats, Einbruch des Wohlstands und des Sozialstaats, Aufmarsch der Rechten, fehlschlagende Reformpolitik, Niedergang der Wirtschaft, nicht eingehaltene Maastricht-Regeln und drohende blaue Briefe von der EU, bei deren neuer Währung die Deutschen die Italiener gar nicht dabei haben wollten, gigantisch ansteigende Arbeitslosenzahlen: *Sono come noi!*

Doch Mario ist mitnichten voll Schadenfreude (wie es durchaus begreiflich wäre). »Wir hätten«, sagt er, »so gern von den Deutschen gelernt, wie man es macht!« Deutschlands Probleme erleichtern ihn einerseits, andererseits machen sie ihn unruhig. »Wenn nicht einmal ihr mit eurem

Sizilien im Osten zurechtkommt, wie sollen dann wir das schaffen?«

Die Toskaner haben ihre eigene Art, mit den Widrigkeiten und den wechselnden Lebensumständen fertig zu werden – für mich eine Frage der Intelligenz. Sie pflegen die Tradition der Improvisation, sie können ungeheuer fleißig sein, während unser Fleiß längst Legende ist. Sie verstehen sich einfach besser aufs Leben als wir!

Viele der jungen Leute fühlen sich nicht mehr als Italiener, sondern als Europäer.

Vielleicht wäre das ein Weg? Die Toskana – eine offene Tür. Offen für Europa. Für die ganze Welt.

Nehmen Sie das auf, was Sie in der Toskana erfahren: die Toleranz, den Respekt für den anderen, die Fähigkeit zurückzutreten.

Es war, als ich einmal mit Francesca nach Hause ging. Es begegnet uns eine Gruppe junger Männer, die mich anrempeln und den Arm heben.

»Ich glaube«, sagt Francesca, »die wären gern Faschisten, weil sie ihre Väter beneiden: Mit dem Gewehr in der Hand durch die Straßen ziehen, das wär's!«

Wir überqueren die Via Trieste. »Hier«, sie deutet auf eine alte Villa, »das ist die ›Villa triste‹. Hier war Dantes Inferno, die Hölle! Hier hat die SS ihre italienischen Gefangenen gequält.«

Die traurige Villa.

»Aber glaub jetzt bloß nicht«, sagt sie rasch, »daß die toskanischen Faschisten harmlos waren! Gerade die Florentiner waren extrem. Weißt du, wie der Florentiner Folterknecht, der eifrigste Handlanger der SS, hieß?: *Carità! Per carità!* Erbarmen!«

Sie bleibt stehen, aufrecht und mager. Bestimmt und klar blickt sie noch einmal auf die ›Villa triste‹ zurück.

»Die Toskana ist nicht nur ein Paradies, sie ist auch die Hölle. Hier gibt es die *villa triste* neben dem Zentrum der *resistenza*, des Widerstands. Wir sind schon ein seltsames Volk: kalt und grausam, aber auch warmherzig, heißblütig und mutig. Und wir sagen das, was die anderen nicht auszusprechen wagen. Wir Toskaner sind eben anders.«

Sie zieht an ihrer sienesischen Nase. Ja, sie hat eine andere Art, sich an der Nase zu ziehen.

»Wir auch«, ich ziehe an meiner Nase und wechsle mit ihr einen Blick.

Bereits erschienen:
Gebrauchsanweisung für...

Amerika
von Paul Watzlawick

Bayern
von Bruno Jonas

die Bretagne
von Jochen Schmidt

Deutschland
von Maxim Gorski

England
von Heinz Ohff

Florenz
von David Leavitt

Genua und die Italienische Riviera
von Dorette Deutsch

Griechenland
von Martin Pristl

Hamburg
von Stefan Beuse

Irland
von Ralf Sotscheck

Italien
von Henning Klüver

Japan
von Gerhard Dambmann

Mallorca
von Elfie Donnelly

München
von Thomas Grasberger

Paris
von Edmund White

Portugal
von Eckhart Nickel

Schottland
von Heinz Ohff

die Schweiz
von Thomas Küng

Spanien
von Paul Ingendaay

Südengland
von Elke Kößling

Südfrankreich
von Birgit Vanderbeke

Sydney
von Peter Carey

Tibet
von Uli Franz

Tschechien und Prag
von Jiří Gruša

die Türkei
von Iris Alanyali

Venedig
von Dorette Deutsch

Wien
von Monika Czernin

PIPER

Henning Klüver

Gebrauchsanweisung für Italien

191 Seiten. Gebunden

Alle lieben Italien – das Land, wo die Zitronen blühen, wo die Frauen schön sind und der Espresso aromatisch. Glaubt man. Aber was blüht jenseits des Brenners wirklich? Was essen die Italiener, wenn die Mamma keine Lust auf Pizza und Pasta hat? Und warum tragen fast alle unsere Schuhe das Gütesiegel Made in Italy?
Henning Klüver weiß es. Mit leichter Hand widmet er sich den ureigensten Domänen der Italiener: der Familie und der Mafia, der Mode und der Piazza, der Kirche und dem guten Essen. Er kennt den Unterschied zwischen Osteria und Ristorante, er weiß, warum die italienische Innenpolitik einer Daily Soap in nichts nachsteht und wieso schon lange kein Italiener mehr ohne Handy auskommt.

01/1065/01/R

PIPER

David Leavitt

Gebrauchsanweisung für Florenz

Aus dem Amerikanischen von Thomas Gunkel. 156 Seiten. Gebunden

Florenz – hier schuf Michelangelo seinen David, hier schrieb Dante die »Göttliche Komödie«, hier regierte das berühmte Fürstengeschlecht der Medici. Und hierher pilgern Künstler und Schriftsteller seit Jahrhunderten: D.H. Lawrence wandelte mit Frieda durch die Boboli-Gärten, Henry James blickte von San Miniato auf die Stadt hinab, und in E.M. Forsters Roman mietete Lucy ihr Zimmer mit Aussicht. Stendhal war von den Kunstschätzen so überwältigt, daß man noch heute vom »Stendhal-Syndrom« spricht, wenn in den überfüllten Uffizien Touristen reihenweise umkippen. Florenz beherbergt nicht nur ein Fünftel aller Kulturschätze der Welt, sondern war im 19. Jahrhundert für viele Engländer ein Fluchtpunkt aus der Enge der viktorianischen Gesellschaft.
David Leavitt erzählt von Renaissancegrößen und der englischen Bohème, die Florenz zu ihrer Wahlheimat gemacht hat. Er führt uns zu den Kunstschätzen, durch die engen Straßen der Stadt, wirft einen Blick in toskanische Kochtöpfe – und schildert die Eigenheiten der fiorentini zwischen Touristenströmen und dolce vita.

01/1261/01/R